Le petit livre des Leçons de choses

chêne

Éditrice : Volcy Loustau
Réalisation graphique : Camille Durand-Kriegel
Fabrication : Amandine Sevestre

Imprimé en Espagne par Estella Graficas

ISBN : 978-2-81230-116-2
Nuart : 34/2278/9

Dépôt légal : septembre 2009

Avant-propos

L*e petit livre des leçons de choses* nous ramène dans l'école de notre enfance. Puisées dans des livres de classe des années 30 à 50, ces leçons retrouvées sont l'occasion de titiller notre mémoire quant aux savoirs élémentaires tels que beaucoup d'entre nous les ont étudiés quand ils étaient à l'école.

Initiation aux sciences naturelles à travers l'observation du réel et à travers le quotidien, les leçons de choses font partie des meilleurs souvenirs de bon nombre d'écoliers. Qu'il s'agisse des différents états des corps – corps solides, corps liquides, gaz – ou du fonctionnement d'une lampe à pétrole, d'une boussole ; qu'il s'agisse des caractéristiques des animaux bien connus – chat, chien, lapin, cheval, cochon, abeille, araignée – ou des végétaux – les racines, les graines, la nutrition des plantes etc. – ces leçons, toujours fondées sur une expérience et suivies de questionnaires et exercices sont un amusement savoureux et instructif, et sont aussi l'occasion de se laisser aller aux charmes d'une douce nostalgie.

CHAPITRE I

Les corps dans la nature

1 Les corps SOLIDES

Matériel

Quelques corps solides : pierres, objets en métal, ustensiles, etc.
Des solides en grains : sable fin, café, sel, poivre, sucre en poudre, farine.
Un fragment de tuyau de plomb, terre glaise, beurre.
Tige d'acier et tige de fer, baguette de bois vert et de bois sec, fil de caoutchouc et fil de laine.
Quelques verres larges ; assiettes ou soucoupes.

1. Des corps qu'on peut voir à la cuisine.

À la cuisine (*fig. 1*), nous voyons des ustensiles divers, de la vaisselle, des verres, des couteaux, etc., que nous distinguons d'après leur forme : ce sont des *corps solides*.

Dans des récipients variés sont contenus de l'eau, du lait, du vin, de l'huile, de l'alcool, etc., qui coulent lorsqu'on incline le vase qui les renferme : ce sont des *corps liquides*.

Près de l'ouverture du cendrier du fourneau allumé, notre main sent la fraîcheur de l'air qui pénètre dans le foyer ; la fumée s'élève dans la cheminée, puis se diffuse dans l'atmosphère ; laissons ouvert quelques secondes le robinet du réchaud, le gaz d'éclairage se répand dans la salle, où son odeur décèle sa présence : l'air, la fumée, le gaz d'éclairage sont des *corps gazeux*.

Tous les corps que nous voyons autour de nous, tous ceux qui existent dans la nature appartiennent à l'une de ces trois catégories : corps solides, corps liquides, corps gazeux.

2. La forme des corps solides.

OBSERVATIONS : À la vue, et même simplement au toucher, nous distinguons sans peine, d'après leur forme, un verre d'une tasse, une carafe d'une bouteille, une pierre d'un bloc de fer ou d'un morceau de bois. Nous pouvons manier chacun de ces corps, le transporter sans le mettre dans un récipient : sa forme reste invariable.

Fig. 1. — Dans la cuisine on trouve des corps solides, des corps liquides, des corps gazeux.

Pourtant, du café en grains ou moulu, du sel, du sucre en poudre, du poivre, de la farine prennent la forme du vase où on les met (*fig.* 2). Changeons-les de récipient : ils changent de forme. Mais nous pourrions, toutes proportions gardées, faire la même remarque à propos des pierres que l'on transborde dans un wagon : le chargement entier avait la forme du camion, il prend celle du wagon ; quant à chaque pierre prise isolément, elle avait sa forme propre qu'elle a gardée. De même chaque grain de café, ou de sel, ou de sucre est un corps solide qui a sa forme particulière dans un ensemble dont l'agencement peut se modifier.

Fig. 2. — Le café moulu, le sel ou le sucre en poudre prennent la forme des récipients qui les contiennent.

CONCLUSION : *Chaque corps solide a une forme qui lui est propre.*

3. Comment cette forme peut se modifier.

OBSERVATIONS : Un verre, une assiette qui tombent sur le carreau de la cuisine se brisent en plusieurs morceaux, dont chacun est un nouveau corps solide, avec une nouvelle forme qu'il conservera.
Le bâton de craie s'use et s'arrondit en frottant sur le tableau.
À coups de marteau, nous pouvons briser un bloc de granit, tordre un clou. On taille la pierre, ou façonne le bois, les métaux, etc., pour leur donner la forme qu'on désire. Mais dans tous ces cas, il a fallu exercer sur les corps solides un effort plus ou moins grand, parfois considérable.

CONCLUSION : *La forme d'un corps solide ne se modifie que si une force suffisante s'exerce sur ce corps.*

4. La dureté des corps solides.

OBSERVATIONS : Pour débiter un tronc d'arbre en planche, pour tailler un bloc de granit, pour donner à une barre de fer une forme déterminée, il faut s'aider d'outils : scies, marteaux, ciseaux, burins, etc., ou même recourir à des machines mues par de puissants moteurs. C'est que le bois, le granit, le fer sont des solides durs, très résistants : pour modifier leur forme, une force très grande est indispensable.

En revanche, le plombier courbe sans grand effort un tuyau de plomb (*fig.* 3) ; la terre glaise semble se modeler presque d'elle-même sous les doigts du potier ou du sculpteur ; une motte de beurre se coupe et se malaxe très aisément. Plomb, terre glaise, beurre sont des solides mous.

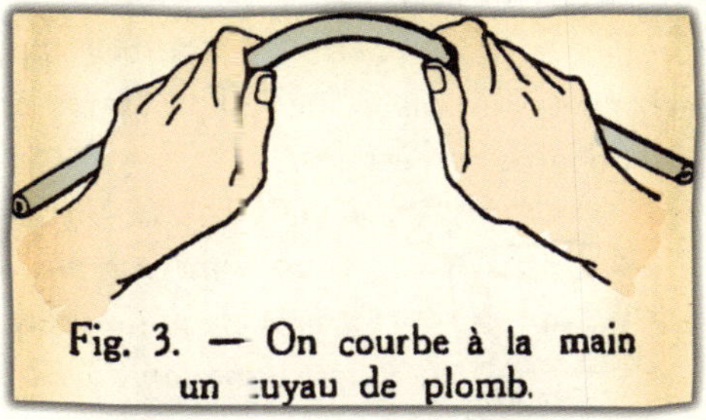

Fig. 3. — On courbe à la main un tuyau de plomb.

CONCLUSION : *Chaque corps solide a une dureté qui caractérise la substance dont il est formé. Cette dureté est extrêmement variable suivant la nature des corps.*

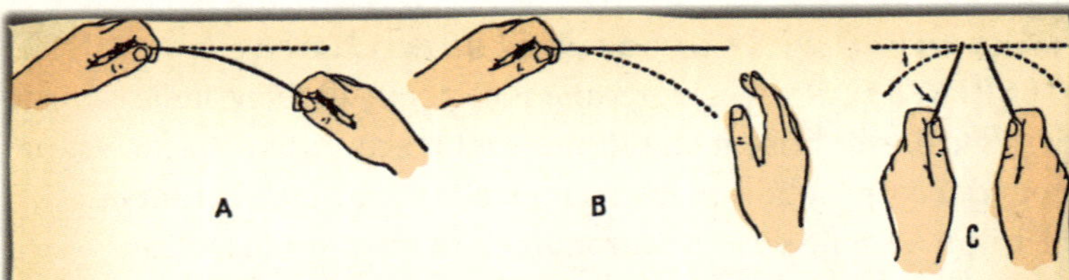

Fig. 4. — Courbée légèrement, la tige d'acier se redresse; courbée fortement, elle se brise.

5. Qu'est-ce qu'un corps élastique ?

EXPÉRIENCE : Courbons une mince tige d'acier : elle plie, puis se redresse dès que nous l'abandonnons (*fig.* 4, A *et* B). Plions-la davantage : le même phénomène se reproduit ; davantage encore : un moment vient où elle se brise (*fig.*4, C).

Faisons de même avec une tige de fer : elle ne se redresse pas et nous pouvons la couder, la plier en carré, la rouler en circonférence, etc. : elle garde chaque fois la forme que nous lui donnons ; la déformation produite est durable (*fig.* 5).

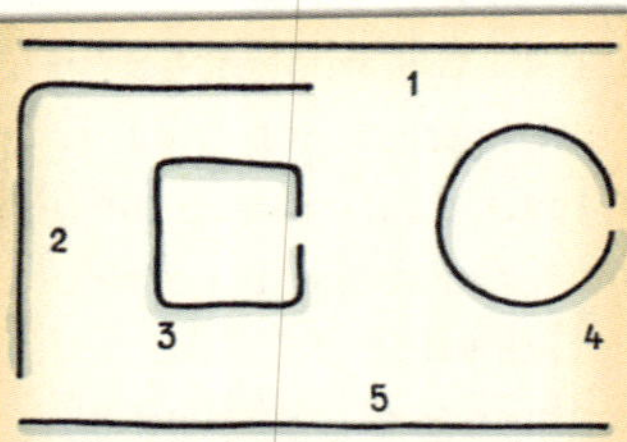

Fig. 5. — La tige de fer conserve la forme qu'on lui a donnée.

La tige d'acier, qui reprend sa première forme après avoir été déformée, est élastique ; la tige de fer ne l'est pas.

Une baguette de bois vert est élastique, une baguette de bois sec ne l'est pas ; un fil de caoutchouc est élastique, un fil de laine ne l'est pas.

Fig. 6. — La surface du sable n'est pas plane.

CONCLUSION : *Certains corps solides reprennent d'eux-mêmes leur première forme après qu'ils ont été déformés : ils sont élastiques. Si la déformation est trop importante, ils se brisent.*

6. Des solides en grains ou en poudre.

OBSERVATIONS : Dans plusieurs verres larges, versons du sable fin, du sucre en poudre, du sel, de la farine, etc. Ces corps se moulent sur la paroi du verre, sauf à leur surface supérieure que nous appellerons leur surface libre. Cette surface libre

nous apparaît, dans l'ensemble, à peu près horizontale et plane, avec cependant des irrégularités, des rides, des dénivellations (*fig. 6*).
CONCLUSION : *La surface libre des solides en grains n'est généralement pas parfaitement régulière.*

7. Écoulement de solides en grains.

EXPÉRIENCE : Inclinons lentement au-dessus d'une assiette chacun de nos verres contenant des solides en grains : le sable coule presque aussi facilement que de l'eau ; il en est de même pour le sel et le sucre (*fig.7*). Quant à la farine, il faut parfois secouer le verre qui la contient pour qu'elle s'en détache et elle tombe alors par blocs qui s'écrasent dans l'assiette.

Sable, sel, sucre, farine s'étalent dans l'assiette en une couche dont la surface libre a la forme d'un cône aplati : c'est la forme des tas de sable, de blé, de tous les solides en grains (*fig. 8*).

Fig. 7. — Le sucre en poudre tombe en un jet régulier.

CONCLUSION : *La surface d'un amas de solides en menus morceaux, en grains ou en poudre, qui se sont écoulés librement a généralement la forme d'un cône aplati.*

RÉSUMÉ

- ☞ *Tous les corps de la nature se présentent sous l'un des trois états suivants : état solide, état liquide, état gazeux.*
- ☞ *Chaque corps solide a une forme qui lui est propre. Pour modifier cette forme, il est nécessaire de faire agir sur le corps une force plus ou moins grande.*
- ☞ *Certains solides sont très durs et très résistants. D'autres sont mous et leur forme peut être aisément modifiée.*

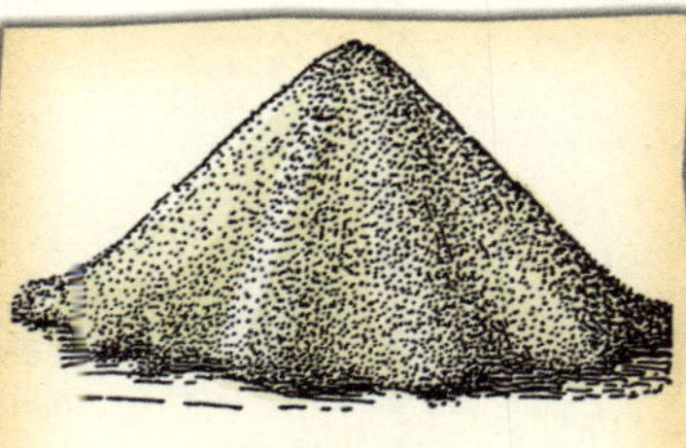
Fig. 8.
Tas de sable.

☞ Certains corps solides, comme l'acier, le caoutchouc, reprennent d'eux-mêmes leur première forme après avoir été déformés : ils sont élastiques.

☞ Les solides en grains ou en poudre se moulent sur la paroi du vase qui les contient, mais chacun des petits solides qui constituent l'ensemble garde sa forme propre.

☞ Les solides en grains coulent plus ou moins facilement quand on incline le vase qui les contient ; ils s'étalent alors en une couche ayant la forme d'un cône aplati.

EXERCISES D'OBSERVATION ET DE REFLEXION

– Une pierre roulée par un torrent conserve-t-elle sa forme ? Sinon, qu'est-ce qui modifie cette forme ?

– Pouvez-vous indiquer des corps solides dont la forme ait été modifiée peu à peu par le frottement ?

– Un solide qui en raye un autre est plus dur que cette autre. D'après cela, classez par ordre de dureté décroissante des solides en métal : fer, cuivre, plomb, aluminium, zinc. etc.

– Comment coupe-t-on une barre de savon ?

– Faites une liste de corps élastiques ; à quoi emploie-t-on chacun d'eux ?

– Quel mouvement fait le marteau du forgeron aussitôt après avoir frappé l'enclume ? Qu'en concluez-vous ?

– Voyez comment on crible du gravier. Quelle est la forme du tas de graver criblé ?

Questonnaire

1. Quels sont les trois états des corps ? – 2. Qu'est-ce qui caractérise un corps solide ? – 3. Que savez-vous sur la forme des solides en grains ou en poudre ? – 4. La forme d'un corps solide peut-elle être modifiée ? Comment ? – 5. Citez des solides durs, des solides mous. – 6. Qu'est-ce qu'un corps élastique ? Citez des corps élastiques. – 7. Comment est la surface libre des solides en grains ou en poudre ? – 8. Que savez-vous sur la façon dont coulent ces solides ? – 9. Quelle est alors la forme de leur surface ?

2 Les corps liquides

> **Matériel**
>
> De l'eau ; fioles contenant de l'eau, de l'huile, de la colle liquide ; une cuvette, une passoire, un arrosoir de jardin, une carafe, un bol, plusieurs verres ; Une règle, un fil à plomb, une équerre ; une éprouvette, un bocal, deux verres ; un entonnoir en verre, deux larges tubes de verre dont un effilé à un bout, un tuyau de caoutchouc.

1. Les liquides coulent.

OBSERVATIONS : L'eau des ruisseaux, des rivières, des fleuves coule toujours, plus ou moins vite, de l'amont vers le bas de la vallée, jusqu'à la mer.

On ne peut conserver ou transporter un liquide qu'en le plaçant dans un récipient : verre, bouteille, seau, tonneau, cuve, citerne, etc.

EXPÉRIENCE : Inclinons doucement un flacon plein d'eau ; bientôt celle-ci s'écoule et tombe en un filet qui se divise en gouttelettes (*fig.* I, A) ; on dit qu'elle est *fluide*. L'huile coule plus lentement, en filet, sans former de gouttelettes ; elle semble plus « épaisse » que l'eau (*fig.* I, B) : elle est moins fluide. La colle liquide, coule moins bien encore (*fig.* I, C) : elle et visqueuse, peu fluide.

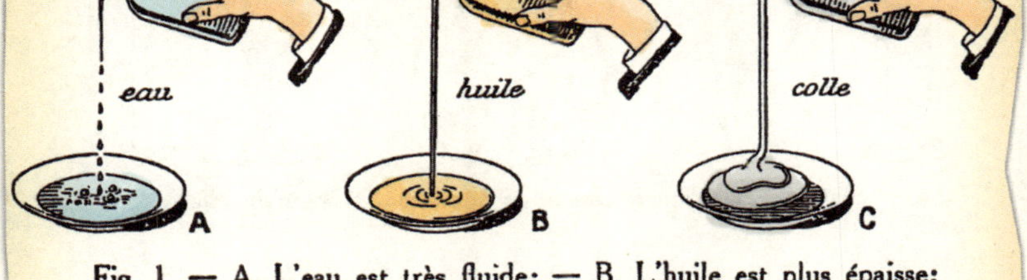

Fig. 1. — A. L'eau est très fluide; — B. L'huile est plus épaisse; C. La colle est visqueuse.

CONCLUSION : *Tous les liquides coulent : ce sont des fluides ; mais leur fluidité est plus ou moins grande.*

2. Les liquides se divisent facilement.

OBSERVATIONS : On divise sans aucune difficulté en autant de parties qu'on le veut, en le vidant dans des verres, le contenu d'une bouteille d'eau, de vin, de lait, d'un liquide quelconque.

EXPÉRIENCE : Mettons un peu d'eau dans le creux de la main ; elle se divise aussitôt en filets et gouttelettes qui coulent entre les doigts.

CONCLUSION : *Les liquides se divisent très facilement ; ils ont peu de cohésion.*

3. La forme et le volume des liquides.

EXPÉRIENCE : L'eau contenue dans une bouteille se moule exactement sur les parois de la bouteille, sauf à la surface supérieure, qu'on nomme *sa surface libre*. Versons-la dans un verre, dans un bol, dans une carafe ; elle prend aussitôt la forme de ces récipients.

EXPÉRIENCE : Emplissons d'eau une éprouvette ; puis transvasons-la dans un verre ; vidons-la dans un bocal, puis dans un autre verre ; enfin remettons-la dans l'éprouvette : elle y atteint exactement le même niveau qu'au début (*fig.* 2) ; son volume n'a pas varié.

Fig. 2. — Un liquide change de forme sans changer de volume.

CONCLUSION : *Les liquides n'ont pas de forme propre ; ils prennent la forme du vase qui les contient, mais leur volume ne varie pas.*

4. La surface libre des liquides.

EXPÉRIENCE : À la surface de l'eau au repos dans une cuvette, nous n'apercevons aucune bosse, aucun creux. Plaçons une règle juste au ras de cette eau, dans divers sens : elle touche la surface dans toute sa longueur (*fig.* 3).

Fig. 3. — La surface de l'eau est plane.

CONCLUSION : *La surface libre d'un liquide au repos est plane.*

EXPÉRIENCE : Dans cette eau au repos, plongeons doucement le « plomb » d'un fil à plomb, puis plaçons le long du fil un côté de l'angle droit d'une équerre. L'autre côté de l'angle droit affleure exactement la surface de l'eau sur toute sa longueur et continue à l'affleurer quand l'équerre tourne autour du fil (*fig.* 4, A).

La surface de l'eau est donc perpendiculaire au fil et nous savons que celui-ci est vertical ; la surface de l'eau est donc *horizontale*, et elle reste toujours horizontale, quelle que soit l'inclinaison de la cuvette (*fig.* 4. B)

CONCLUSION : *La surface libre d'un liquide au repos est horizontale.*

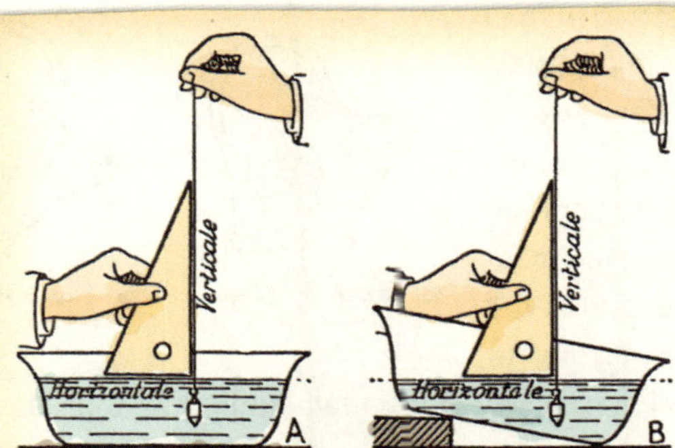

Fig. 4. — La surface de l'eau tranquille est horizontale.

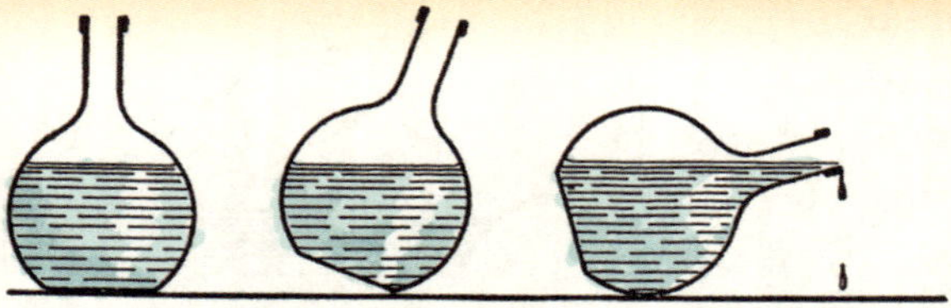

Fig. 5. — L'eau s'écoule quand sa surface atteint le bord du goulot de la carafe.

Cette propriété de la surface libre nous explique comment se produit l'écoulement du liquide d'un récipient incliné (*fig.* 5). Elle établit une différence nette entre les liquides et les solides en grains.

Fig. 6. — Le niveau de l'eau est sur le même plan dans la cuvette et dans la passoire.

5. Des vases communicants.

EXPÉRIENCE : Enfonçons une passoire dans l'eau d'une cuvette ; soulevons-la plus ou moins : la surface de l'eau dans la cuvette et dans la passoire est toujours sur un même plan horizontal (*fig.* 6).

EXPÉRIENCE : Emplissons en partie d'eau un arrosoir de jardin ; à l'aide d'une baguette ou d'un fil de fer, repérons le niveau atteint par l'eau dans le corps du récipient et dans la tubulure : ces deux niveaux se trouvent encore dans le *même plan horizontal*, quelle que soit l'inclinaison de l'arrosoir (*fig.* 7).

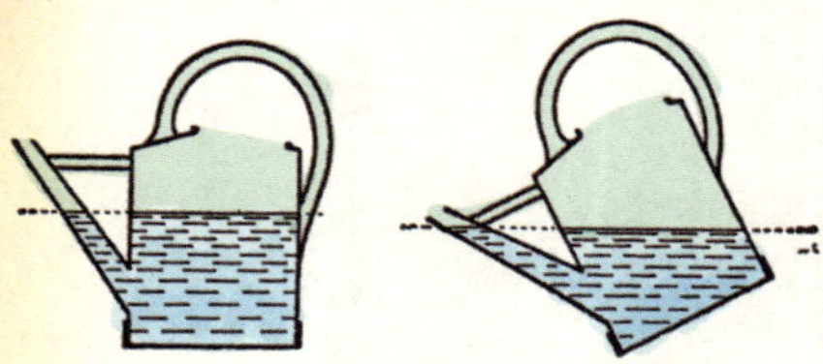

Fig. 7. — L'eau dans un arrosoir de jardin

CONCLUSION : *Dans des vases communicants, l'eau (ou un liquide quelconque) s'élève au même niveau.*

APPLICATIONS :

a) Le siphon de l'évier : Le tuyau de vidange de l'évier, du lavabo, des toilettes, est recourbé au-dessous de la cuvette : on dit qu'il forme un siphon. Cette courbure n'empêche pas l'écoulement de l'eau (*fig.* 9, I), mais quand cet écoulement a cessé, il reste un peu de liquide dans les deux branches du siphon jusqu'au niveau *aa'* (*fig.* 9, II). Ainsi le tuyau est complètement fermé par un bouchon d'eau qui empêche les gaz malodorants de refluer dans la pièce.

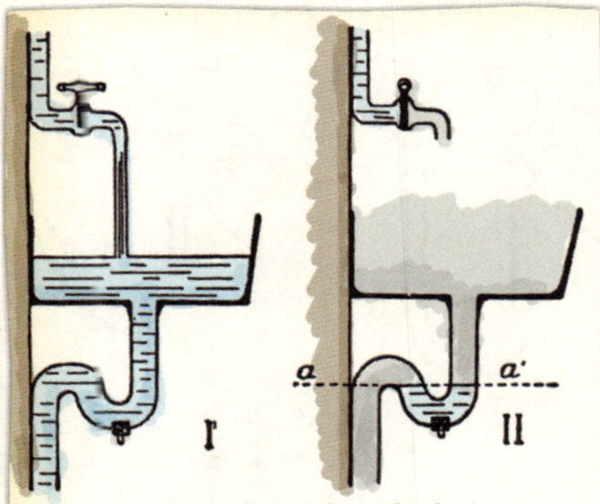

Fig. 9. — Le siphon de l'évier.
I. Quand l'eau coule;
II. Quand elle ne coule plus.

b) Distribution de l'eau dans les villes et les maisons : En un lieu élevé, on construit un grand réservoir où l'on emmagasine l'eau à distribuer (*fig.* 10). Du bas de ce réservoir partent des tuyaux qui suivent les rues, sous les trottoirs ; ils alimentent des prises d'eau, des bornes-fontaines et s'élèvent aux étages des maisons. L'eau montera jusqu'au dernier étage si la surface de l'eau dans le réservoir se trouve à un niveau plus élevé.

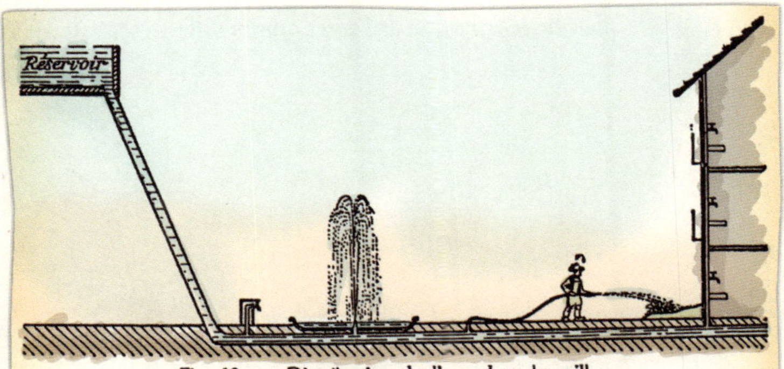

Fig. 10. — Distribution de l'eau dans les villes.

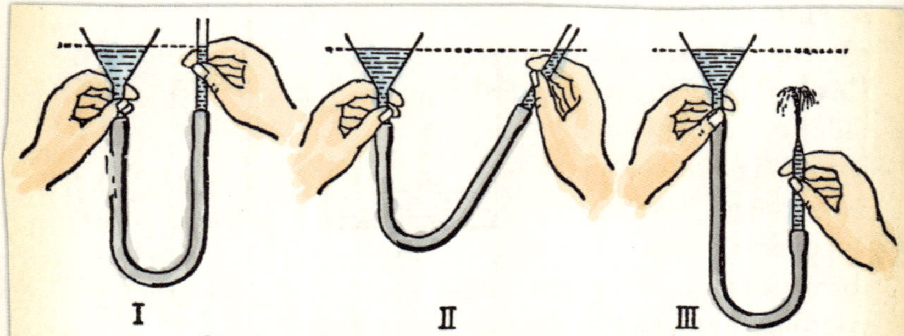

Fig. 8. — L'eau dans des vases communicants.

c) Jet d'eau : Réunissons par un tuyau de caoutchouc un entonnoir et un tube effilé ; emplissons d'eau cet appareil, puis élevons l'entonnoir (*fig.* 8, III) : il jaillit du tube effilé un jet d'eau qui s'élève presque au niveau de l'eau dans l'entonnoir. Pour avoir un jet d'eau, il faut donc un réservoir plus élevé que l'orifice du tube où jaillira le jet.

RÉSUMÉ

☞ *Tous les liquides coulent, mais ils n'ont pas tous la même fluidité.*

☞ *Ils se divisent aisément : ils ont peu de cohésion.*

☞ *Les liquides n'ont pas de forme propre ; ils prennent celle du vase qui les contient, sans changer de volume.*

☞ *La surface libre d'un liquide au repos est plane et horizontale.*

☞ *Un liquide placé dans des vases communicants s'élève a la même hauteur dans tous les vases. On utilise cette propriété dans les siphons de lavabos et d'éviers, pour la distribution de l'eau dans les villes, les jets d'eau, etc.*

EXERCISES D'OBSERVATION ET DE REFLEXION

– On incline un verre contenant de l'eau jusqu'à ce que l'eau s'écoule ; dessinez le verre et l'eau qu'il contient à divers moments de cette opération.
– Observez la longueur du tuyau d'un arrosoir ; pourquoi ne le fait-on pas plus court ? plus long ?
– Qu'est-ce qu'un château d'eau ? A quoi sert-il ? Ou est-il situe ? Comment l'emplit-on ?
– À quoi sert le bouchon métallique vissé au bas de la courbure du siphon d'évier ?
– Où se trouve le réservoir qui alimente en eau votre localité ? Pourquoi a-t-on choisi cet emplacement ?
– L'eau jaillit-elle avec la même force d'un robinet du rez-de-chaussée d'une maison ou d'un robinet de l'étage le plus élevé ?
– En été, il arrive que certains robinets de la conduite d'eau ne donnent plus d'eau. Lesquels ? Expliquez.

Questonnaire

1. Pourquoi dit-on que l'huile est moins fluide que l'eau ? – 2. Que signifie : les liquides ont peu de cohésion ? –3. Quelle forme ont les liquides ? – 4. Que savez-vous sur la surface libre des liquides ? – 5. Qu'appelle-t-on vases communicants ? Que se passe-t-il quand on verse de l'eau dans un de ces vases. – 6. Quelle est l'utilité du siphon de l'évier ? – 7. Comment l'eau peut-elle s'élever aux étages d'une maison ? – 8. Comment établiriez-vous un jet d'eau ? – 9. Qu'est-ce qu'une écluse ? À quoi sert-elle ? – 10. Comment expliquez vous les sources, les puits, les puits artésiens ?

3 Les gaz

1. Des gaz colorés.

EXPÉRIENCE : Plaçons dans un ballon quelques paillettes d'iode, ou, à défaut, versons-y quelques gouttes de teinture d'iode, et chauffons. Très vite, le liquide de la teinture disparaît et il ne reste dans le ballon qu'un petit dépôt d'iode. Puis l'intérieur du ballon s'emplit d'une couleur violacée qui finit par déborder du goulot et se répandre à l'extérieur où la couleur s'atténue peu à peu (*fig.* I).

Matériel

Tubes à essais, ballon, tube à dégagement, cristallisoir plein d'eau, verres, éprouvettes, soucoupes, iode en paillettes ou teinture d'iode, copeaux de cuivre, eau-forte, carbure de calcium, allumettes soufrées, eau oxygénée, permanganate de potasse, rognures de zinc, craie carrée, acide chlorhydrique, eau de chaux, pompe à bicyclette, brûleur à gaz ou lampe à alcool.

Nous avons provoqué la formation d'un gaz. Comme un liquide, il s'est moulé sur l'intérieur du ballon, mais à aucun moment nous

Fig. 1. — Un gaz violet se produit quand on chauffe de l'iode.

Fig. 2. — Un gaz rougeâtre s'élève au-dessus du verre contenant du cuivre sur lequel on verse de l'eau-forte.

n'avons pu distinguer de surface plane et, à l'extérieur du ballon, le gaz a pris les formes les plus variées.

EXPÉRIENCE : Dans un verre, plaçons quelques copeaux de *cuivre* sur lesquels nous versons un peu *d'eau-forte*. Il se produit un gaz d'un beau rouge orange ; comme le précédent, il emplit peu à peu le verre et déborde, sans forme régulière, et se répand lentement dans l'atmosphère de la salle (*fig.* 2).
CONCLUSION : *Les gaz n'ont ni forme propre ni surface libre plane ; ils occupent tout l'espace qui leur est offert.*

2. Des gaz odorants.

EXPÉRIENCE : Mettons un peu de carbure de calcium dans une soucoupe et aspergeons-le de quelques gouttes d'eau. Nous ne *voyons* aucun dégagement gazeux, mais très vite une odeur particulière se répand dans toute la salle. Elle est due à un gaz, *l'acétylène*, que nous ne voyons pas parce qu'il n'a aucune couleur, mais qui s'est répandu, comme les gaz précédents, dans tout l'espace disponible.
C'est également un gaz incolore, mais à l'odeur piquante, qui nous suffoque si nous tenons près de notre visage une allumette soufrée que nous venons d'enflammer.
Enfin nous savons qu'il suffit de laisser ouvert un instant le robinet du fourneau à gaz pour que l'odeur du gaz d'éclairage se répande au loin.
CONCLUSION : *Certains gaz, invisibles parce qu'ils n'ont aucune couleur, se reconnaissent à leur odeur.*

3. Des gaz sans couleur ni odeur.

EXPÉRIENCE : Versons de l'eau oxygénée dans un tube à essais, et ajoutons du permanganate de potasse. Fermons aussitôt le tube avec un bouchon traversé par un tube à dégagement et faisons arriver ce dernier sous l'ouverture d'une éprouvette pleine d'eau retournée sur l'eau d'un cristallisoir (*fig.* 3). Nous voyons des bulles gazeuses s'échapper du tube à dégagement ; elles traversent l'eau qui emplit l'éprouvette et s'assemblent au sommet de celle-ci. Quand elle est pleine de gaz, retirons-la et collons sur elle une étiquette portant le numéro 1.

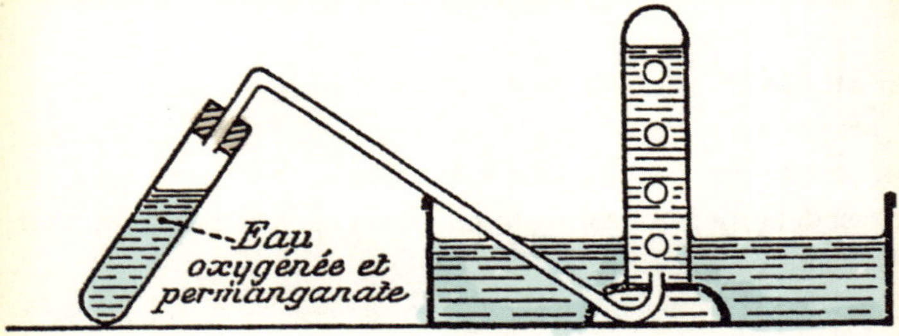

Fig. 3. — Un gaz incolore se dégage quand on fait agir du permanganate sur de l'eau oxygénée.

EXPÉRIENCE : Dans un autre tube à essais, plaçons des rognures de *zinc* que nous recouvrons d'eau et d'un peu d'*acide chlorhydrique*, liquide plus connu sous le nom d'*esprit-de-sel* : avec le gaz qui se dégage, emplissons une autre éprouvette à laquelle nous donnerons le numéro 2.

EXPÉRIENCE : Enfin emplissons une éprouvette, numérotée 3, avec le gaz provenant d'un tube à essais où nous avons placé de la *craie carrée*, de l'eau et de l'*acide chlorhydrique*.
Les gaz emplissant les trois éprouvettes n'ont aucune couleur. Sentons-les : ils n'ont pas d'odeur. Comment les distinguer ?

EXPÉRIENCE : Introduisons une allumette enflammée dans chacune des éprouvettes. Dans l'éprouvette n° 1, l'allumette brûle avec une grande vivacité et une flamme très éclairante (*fig.* 4, I). Ce fait caractérise l'*oxygène*.
Dans l'éprouvette n° 2 (que nous maintenons l'ouverture en bas), nous entendons une légère explosion et l'allumette s'éteint, mais le gaz s'est enflammé et brûle avec une flamme bleue très peu visible (*fig.* 4, II) : c'est de l'*hydrogène*.

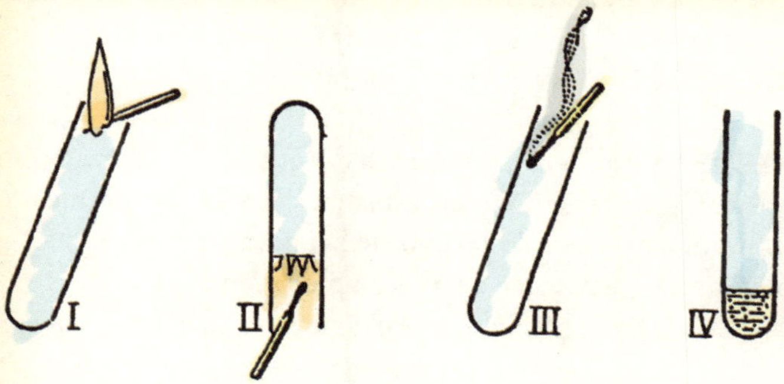

Fig. 4. — Comment on peut distinguer certains gaz incolores : I. Une allumette brûle très vivement; — II. L'allumette s'éteint, le gaz brûle; — III. L'allumette s'éteint; — IV. Le gaz de l'éprouvette III trouble l'eau de chaux.

Enfin, dans l'éprouvette n° 3, l'allumette s'éteint sans que le gaz s'enflamme (*fig.* 4, III). Versons-y un peu *d'eau de chaux* limpide, et agitons : l'eau de chaux se trouble et devient blanche (*fig.* 4, IV). Cette propriété caractérise le *gaz carbonique*.

CONCLUSION : *Certains gaz n'ont ni couleur ni odeur. On les distingue en vérifiant leurs propriétés, par exemple leur action sur une flamme, ou sur l'eau de chaux.*

Fig. 5. — L'air qui s'échappe de la fiole traverse l'eau sous forme de bulles.

4. L'air.

Les gaz sans couleur ni odeur sont très nombreux. Le plus important est l'*air*, qui entoure toute la terre d'une épaisse couche nommée atmosphère. Il possède de nombreuses propriétés communes à tous les gaz.

EXPÉRIENCE : Plongeons dans l'eau d'une cuvette une fiole pleine d'air, le

goulot en bas, puis inclinons-la. L'air s'en échappe en bulles qui montent à travers le liquide (*fig.* 5). L'air se divise donc sans difficulté.
CONCLUSION : *Les gaz n'ont pas de cohésion.*

EXPÉRIENCE : Fermons avec le doigt l'orifice d'une pompe à bicyclette (*fig.* 6, I) et enfonçons le piston (*fig.* 6, II) ; le volume occupé par l'air emprisonné à l'intérieur de la pompe diminue, mais nous éprouvons une résistance de plus en plus grande.
CONCLUSION : *Les gaz diminuent de volume quand on les comprime.*

EXPÉRIENCE : Abandonnons maintenant le piston de la pompe à bicyclette : l'air comprimé repousse le piston et reprend son volume primitif (*fig.* 6, III).
CONCLUSION : *Les gaz sont élastiques.*

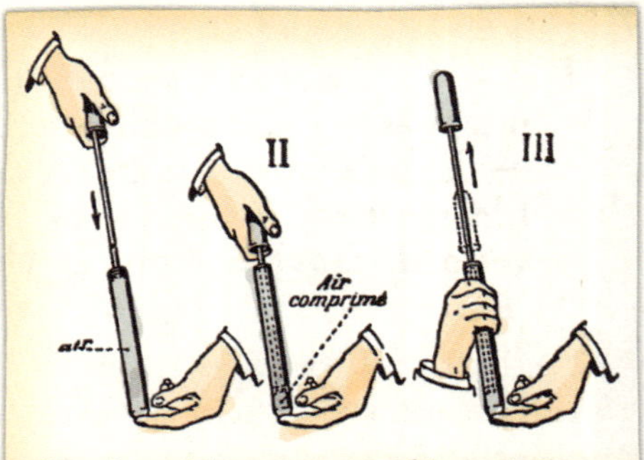

Fig. 6. — L'air est compressible et élastique.

APPLICATIONS :
a) On comprime de l'air dans les *pneumatiques* des bicyclettes, des automobiles, afin d'amortir les chocs provenant des cailloux, des ornières.
b) Certains *moteurs*, employés surtout pour la réfection des chaussées et dans les mines, fonctionnent grâce à la force de l'air comprimé, et mettent en action des *marteaux*, des *pics*, des *perforatrices* (*fig.* 7), etc.

Fig. 7: — Un marteau-piqueur à air comprimé (On voit au-dessous le tuyau d'arrivée de l'air comprimé).

c) Dans les trains une canalisation partant d'un réservoir d'air comprimé s'étend sous tous les wagons. Lorsque le mécanicien ouvre un robinet, l'air comprimé arrive par le tuyau A (*fig. 8*), pénètre dans le cylindre C où il presse sur les pistons qui appliquent sur les roues les sabots des *freins*, S. La même conduite d'air comprimé relie tous les wagons du train à la locomotive.

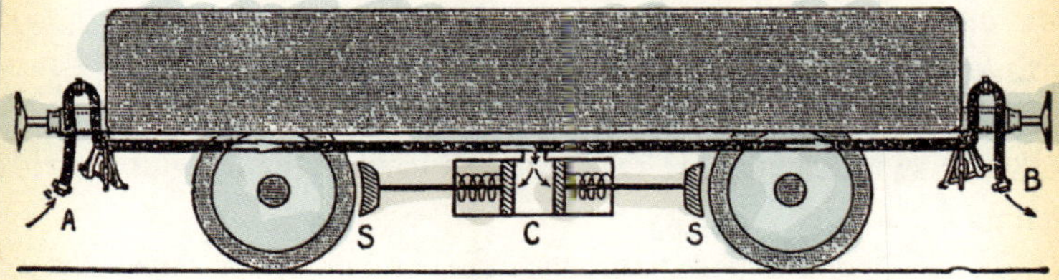

Fig. 8. — Les wagons sont munis de freins à air comprimé

d) Au Métropolitain de Paris et sur certains trains de banlieue, c'est également l'air comprimé agissant sur des pistons qui ferme les portes des wagons.

e) Certains gaz nécessaires à l'industrie, tels l'oxygène, sont transportés dans de solides récipients d'acier (*fig. 9*), qu'on nomme des *bouteilles*, où on les a fortement comprimés pour qu'ils n'occupent qu'un faible volume.

RÉSUMÉ

☞ *Certains gaz, comme celui qu'on obtient en chauffant l'iode, sont colorés.*

☞ *D'autres, comme l'acétylène, le gaz d'éclairage, n'ont pas de couleur, mais possèdent une odeur caractéristique.*

☞ *Beaucoup d'autres gaz, parmi lesquels l'air, n'ont ni couleur ni odeur.*

☞ *L'oxygène se reconnaît à ce qu'une allumette y brûle très vivement.*

☞ *L'hydrogène brûle avec une petite flamme bleue.*

☞ *Le gaz carbonique éteint une allumette et trouble l'eau de chaux.*

☞ *Les gaz n'ont pas de forme propre ; ils occupent tout l'espace qui leur est offert.*

☞ *Ils n'ont pas de cohésion.*

☞ *Ils sont compressibles et élastiques.*

EXERCICES D'OBSERVATION ET DE REFLEXION

– Notez les circonstances dans lesquelles vous avez vu se produire des gaz colorés.
– Comment expliquez-vous qu'on puisse souvent reconnaître à l'odorat une boutique de coiffeur, un garage, etc. ?
– Enfoncez une éponge sèche dans l'eau, et pressez-la. Que voyez-vous ? Expliquez.
– Retournez une bouteille pleine d'eau. L'eau s'écoule-t-elle régulièrement ? Pourquoi ?
– Vous remplissez une bouteille de vin ou de cidre à un tonneau en appliquant exactement le goulot sur le robinet. Que se passe-t-il ? Expliquez. Que faut-il faire pour pouvoir emplir la bouteille ?
– D'où provient le sifflement qu'on entend quand on ouvre la valve d'un pneu de bicyclette ?
– Si vous en avez l'occasion, voyez comment on tire la bière « à la pression ».
– Si possible, voyez comment on met en service une bouteille d'oxygène comprimé.

Questionnaire

1. Qu'arrive-t-il quand on chauffe de l'iode ou de la teinture d'iode ? – 2. Comment peut-on préparer un autre gaz coloré ? – 3. Citez des gaz sans couleur, mais odorants. – 4. Dites comment on prépare et comment on reconnaît l'oxygène, l'hydrogène, le gaz carbonique. – 5. Citez un autre gaz sans odeur ni couleur. – 6. Les gaz ont-ils une forme et un volume propres ? – 7. Citez d'autres propriétés des gaz. – 8. Quelles applications des gaz comprimés connaissez-vous ?

4 Fusion & Solidification

Matériel

Une bougie ; un brûleur ou une lampe à alcool ; de la cire à cacheter ; une cuiller en fer ; tube de verre mince ; de la glace ; thermomètre ; des fragments de plomb ; du papier d'étain ; un peu de viande ou de cuir ; un fragment de brique ; un fil de cuivre ; de la toile émeri.

1. Fusion et solidification.

OBSERVATIONS : Par les grands froids d'hiver, l'eau d'un bassin, d'une mare, se couvre d'une couche solide de glace ; la chaleur du soleil fait ensuite fondre cette glace qui redevient de l'eau.

De même, en hiver, l'huile se prend en une masse épaisse, qui ne coule plus, mais il suffit de plonger dans l'eau tiède d'un bain-marie la bouteille qui la contient pour que cette masse redevienne liquide.

Quand on allume une bougie, il se forme sous la flamme une petite cuvette qui s'emplit d'un liquide provenant de la stéarine de la bougie fondue ; souvent ce liquide coule le long de la bougie où il se refroidit et se solidifie en traînées blanches.

CONCLUSION : *Certains solides, chauffés, deviennent liquides : c'est la fusion. Certains liquides, refroidis, deviennent solides : c'est la solidification.*

2. La fusion pâteuse.

EXPÉRIENCE : Dans une cuillère en fer, chauffons un morceau de cire à cacheter ; bientôt, en pressant avec le doigt sur la cire, nous constatons qu'elle devient molle et garde l'empreinte du doigt. Chauffons encore : la cire devient visqueuse et s'étale dans la cuiller. En chauffant fortement, nous la voyons devenir beaucoup plus fluide

Fig. 1.
Un cachet de cire.

et couler comme de l'huile. Laissons-la refroidir : elle devient de plus en plus solide jusqu'à reprendre sa consistance première. Quand elle est pâteuse, elle peut prendre l'empreinte d'un cachet (*fig.* I).

EXPÉRIENCE : Mettons dans la flamme de la lampe à alcool un tube de verre mince (*fig.* 2, I) et tournons-le constamment dans la flamme. Après quelques minutes, la partie chauffée et devenue molle, pâteuse ; nous pouvons la courber, l'étirer (*fig.* 2, II). En refroidissant, le verre reprend sa rigidité.

CONCLUSION : *Sous l'action de la chaleur, certains corps solides deviennent pâteux, puis liquides. Ils redeviennent pâteux, puis solides par le refroidissement.*

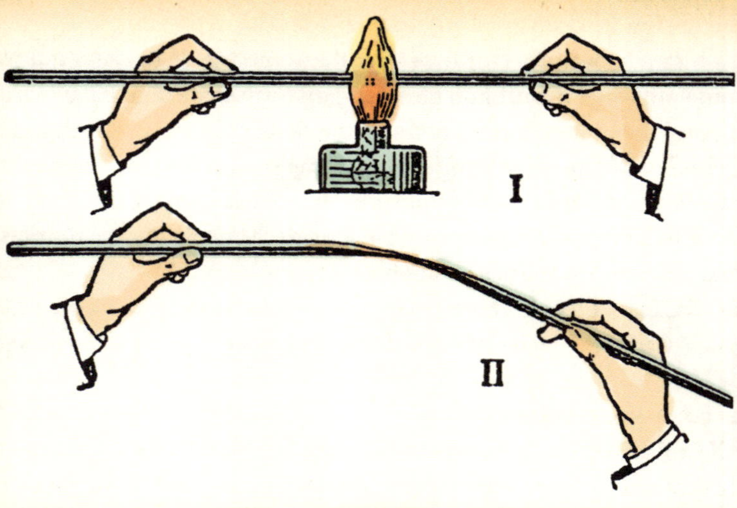

Fig. 2. — Le verre chauffé devient pâteux.

Fig. 5. — L'étain chauffé devient liquide.

3. La fusion franche.

EXPÉRIENCE : Mettons dans un verre des fragments de glace au milieu desquels nous plongeons le réservoir d'un thermomètre. Bientôt la glace fond, et le thermomètre marque 0°C. À ce moment, pressons entre les doigts un morceau de glace. Bien qu'il en coule des gouttes d'eau, nous le sentons aussi dur qu'au début de l'expérience : la glace fond sans se ramollir ; on dit qu'elle subit la fusion franche.

EXPÉRIENCE : Dans une cuillère en fer, chauffons des fragments de plomb ou des boulettes d'étain : le métal devient liquide (*fig.* 5) sans se ramollir auparavant. Laissons-le refroidir : il se solidifie à nouveau sans passer par l'état pâteux.

CONCLUSION : *Sous l'action de la chaleur, certains corps solides deviennent liquides sans être pâteux ; par le refroidissement, ces liquides se solidifient brusquement.*

5. Des corps qui ne fondent pas.

EXPÉRIENCE : Chauffons dans un tube à essais quelques bûchettes de bois, dans un autre un peu de viande ou de cuir ; dans les deux cas, des fumées abondantes se dégagent ; puis il reste dans le tube de petits morceaux de charbon : le bois, la viande se sont décomposés. De nombreux corps solides organiques, c'est-à-dire provenant d'animaux ou de végétaux, se décomposent ainsi quand on les chauffe. De même, la craie chauffée laisse dégager du gaz carbonique et se transforme en chaux.

CONCLUSION : *Certains corps solides chauffés se décomposent et ne fondent pas.*

EXPÉRIENCE : Chauffons un morceau de brique aussi fortement que le permet notre lampe à alcool et même plaçons-le dans le foyer du poêle ; la chaleur ne le décompose pas et ne le fait pas fondre : c'est un corps réfractaire.

CONCLUSION : *Certains corps ne fondent pas et ne se décomposent pas aux températures les plus élevées qu'on sache produire : ce sont des corps réfractaires.*

Fig. 6. — L'eau qui gèle augmente de volume.

APPLICATIONS :

a) Ces corps, tels que le graphite, les briques réfractaires, sont précieux pour fabriquer des creusets, des fours qui doivent supporter de très hautes températures.

b) De nombreux corps étaient autrefois considérés comme réfractaires. Mais on obtient aujourd'hui, surtout dans les fours électriques, des températures tellement élevées qu'elles ont permis de fondre la plupart de ces corps, notamment le platine et la chaux.

6. Le volume de la glace.

OBSERVATION : Pendant la fusion d'un corps solide, la partie encore solide se maintient généralement au fond du liquide. Pourtant, la glace flotte sur l'eau : elle est donc moins lourde que l'eau. Cela résulte de ce que, en se congelant, l'eau augmente de volume. Nous savons en effet qu'une bouteille pleine d'eau abandonnée au froid se brise par la gelée (fig. 6).

CONCLUSION : *La glace a un volume plus considérable que celui de l'eau qui l'a formée.*

APPLICATIONS :

a) Au printemps, on recouvre les jeunes plantes d'un châssis de verre ou d'une couche de paille pour les protéger contre les gelées tardives qui déchireraient leurs vaisseaux en congelant la sève.

b) De même, on entoure de paille les tuyaux des pompes, les canalisations d'eau pour éviter le refroidissement qui provoquerait leur rupture par formation de glace.

c) On ne peut employer à la construction certaines pierres poreuses qui éclatent quand l'eau dont elles sont imbibées se transforme en glace.

RÉSUMÉ

☞ *La fusion est le passage d'un corps solide à l'état liquide sous l'action de la chaleur ; la solidification est le changement d'état inverse.*

☞ *Certains corps solides se ramollissent avant de fondre : ils subissent la fusion pâteuse. D'autres changent d'état sans se ramollir : ils subissent la fusion franche.*

☞ *C'est quand ils sont rendus pâteux par la chaleur que le verre, le fer, le bitume peuvent être travaillés.*

☞ *De nombreux corps solides se décomposent quand on les chauffe. Les corps réfractaires n'ont jamais pu être fondus.*

☞ *La fusion permet de séparer certains corps des impuretés qui les accompagnent, de faire des moulages, d'envelopper les métaux de revêtements protecteurs, de préparer des alliages métalliques.*

☞ *La glace a un volume supérieure à celui de l'eau qui l'a formée.*

EXERCICES D'OBSERVATION ET DE REFLEXION

– La surface de la neige fraîche est molle ; après des alternatives de soleil et de froid, elle durcit ; pourquoi ?
– Pour faire disparaître une tache de bougie sur un vêtement, on recouvre la tache de papier buvard et on passe un fer chaud. Expliquez ce qui se produit.
– Voyez le travail du forgeron forgeant le fer rouge, du rétameur étamant une casserole, du plombier faisant une soudure.
– Comment cachète-t-on une lettre ou un paquet à la cire ?
– L'eau contenue dans un seau ou un baquet a gelé ; quel est l'aspect de la surface de la glace ? Pourquoi ?
– Pourquoi passe-t-on au printemps un rouleau sur les champs de blé ?

Questionnaire

1.Qu'est-ce que la fusion ? – 2. Distinguez la fusion pâteuse et la fusion franche. – 3. Citez des corps qu'on chauffe jusqu'à les rendre pâteux pour les travailler. – 4. Que deviennent le bois, la craie quand on les chauffe fortement? – 5. Qu'appelle-t-on corps réfractaires? – 6. À quoi utilise-t-on ces corps? – 7. Citez des cas dans lesquels on utilise la fusion franche de certains corps. – 8. Comparez la densité de l'eau et celle de la glace.

5 ÉBULLITION DE L'EAU

1. Faisons bouillir de l'eau.

EXPÉRIENCE : Chauffons de l'eau dans un ballon de verre où nous avons placé un thermomètre à mercure (*fig. 1*).

> *Matériel*
>
> Un ballon ; de l'eau ; un brûleur ou une lampe à alcool ; un thermomètre à mercure ; une assiette ; trois tubes à essais ; trois soucoupes ; de l'eau de pluie ;de l'eau de source ; de l'eau salée ; un couteau de table ; un tube à dégagement ; un cristallisoir ; une éprouvette.

a) Dès que le brûleur est allumé, une buée formée de fines gouttelettes d'eau se dépose sur le ballon, à la partie inférieure, mais ne tarde pas à disparaître : elle s'évapore.

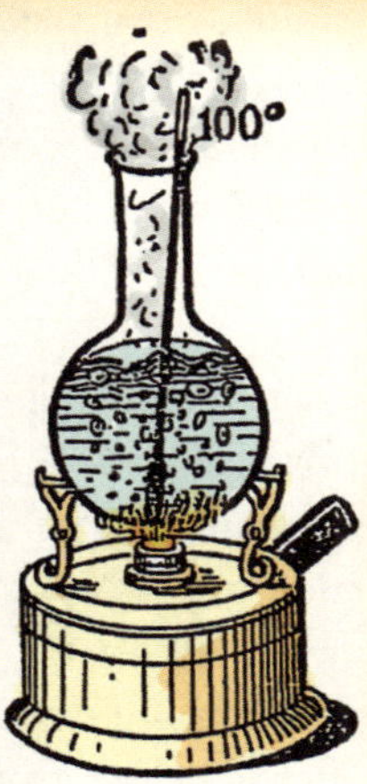

Fig. 1. — L'eau bout à 100°.

b) Quand le thermomètre marque environ 65° C, de très fines bulles gazeuses apparaissent sur la paroi intérieure du ballon, dans la partie chauffée ; certaines se détachent, traversent tout le liquide et viennent crever à la surface. On a pu recueillir ces bulles et l'on a constaté qu'elles sont formées d'air, qui était dissous dans l'eau.

c) Quand le thermomètre marque environ 85°, des bulles plus grosses se forment dans la même région du ballon et se détachent ; mais elles diminuent rapidement de grosseur et disparaissent avant d'atteindre la surface. Elles ne sont donc pas formées d'air, mais d'un *gaz qui redevient liquide en traversant l'eau moins chaude.*

d) Les bulles deviennent de plus en plus

nombreuses ; leur déplacement provoque un frémissement de la surface de l'eau, accompagné d'un léger bruit : l'eau *chante.*
e) Enfin à 100°, les bulles atteignent la surface où elles crèvent ; l'eau est agitée de mouvements tumultueux ; l'eau *bout*, elle est en *ébullition.*

En continuant de chauffer, nous constatons que la température se maintient à 100° C et que le niveau de l'eau baisse dans le ballon : une partie de l'eau disparaît donc. Que devient-elle ?

Fig. 2. — Des gouttes d'eau se déposent sur l'assiette froide.

2. Condensation.

EXPÉRIENCE : Au-dessus du col du ballon, présentons une assiette froide (*fig.* 2). Elle se couvre immédiatement de buée ; puis de l'eau ruisselle à sa surface et coule goutte à goutte. Cette eau ne peut provenir que de l'eau du ballon.
Sous l'action de la chaleur, une partie de l'eau du ballon s'est transformée en un gaz incolore invisible : *la vapeur d'eau.*
Au contact de l'assiette froide, cette vapeur redevient liquide : on dit qu'elle s'est *liquéfiée*, qu'elle s'est *condensée.*

CONCLUSION : *Quand on chauffe de l'eau à 100°, elle entre en ébullition et dégage de la vapeur d'eau qui se condense par le refroidissement.*
Si nous avions chauffé, au lieu d'eau, un autre liquide pur, nous aurions constaté des phénomènes semblables ; mais la température d'ébullition varie avec chacun d'eux : l'éther bout à 35° , l'alcool à 78°, le mercure à 357°.
Remarque : De même que la vapeur d'eau gazeuse redonne de l'eau par refroidissement, *tous les gaz* peuvent être liquéfiés si on les refroidit suffisamment : on prépare dans des usines du liquide carbonique par condensation du gaz carbonique, de l'oxygène liquide, de l'air liquide, etc.

3. La condensation dégage de la chaleur.

L'eau liquide a besoin de chaleur pour se vaporiser, mais la vapeur d'eau restitue cette chaleur en se condensant : notre assiette est devenue très chaude.

Cette propriété est utilisée dans *le chauffage central à vapeur* : la vapeur produite dans une chaudière est conduite dans des radiateurs où elle se condense : les radiateurs sont fortement chauffés.

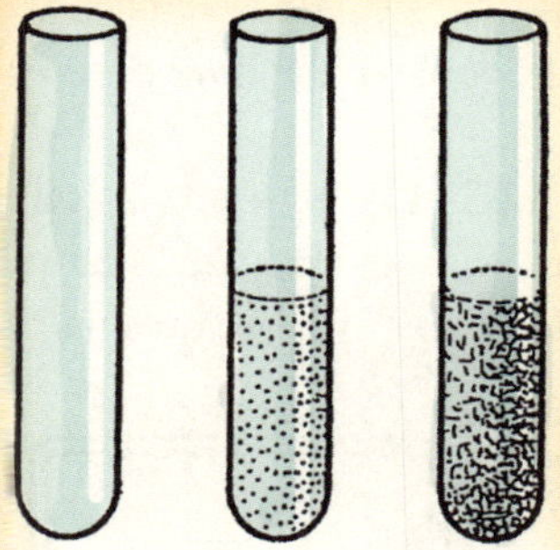

Fig. 3. — Des tubes dans lesquels on a fait vaporiser : I, de l'eau de pluie; — II, de l'eau de source; — III, de l'eau salée.

4. Faisons bouillir diverses eaux.

EXPÉRIENCE : Dans trois tubes à essais bien propres, faisons bouillir :

a) De l'eau recueillie pendant une pluie, alors que l'averse durait depuis déjà quelque temps.

b) De l'eau de source.

c) De l'eau assez fortement salée.

Au cours de l'ébullition, faisons condenser la vapeur sur des soucoupes, et quand l'eau recueillie est assez abondante, goûtons-la : dans les trois cas, elle a la même saveur fade, *non salée*.

Prolongeons l'ébullition jusqu'à ce que toute l'eau ait disparu, et examinons les tubes à essais :

a) Le premier tube est parfaitement net (*fig.* 3, I) ; l'eau de pluie s'est vaporisée totalement, sans laisser aucun dépôt : c'est de l'eau pure.

b) Le deuxième tube est terni par une pellicule d'un corps qu'on a reconnu être de la craie, et qui était *dissous* dans l'eau (*fig.* 3, II)

c) Le troisième tube a ses parois recouvertes d'une couche d'un corps solide blanc (*fig.* 3, III). Détachons-en une parcelle avec un canif, et goûtons-la : c'est du sel.

CONCLUSION : *Quand on fait bouillir de l'eau qui a dissous des corps solides, l'eau seule se transforme en vapeur, abandonnant les corps dissous.*

APPLICATION : Dans les salines de l'Est de France, le sel du sous-sol est dissous dans de l'eau que l'on pompe ensuite. L'eau salée est chauffée et s'évapore en abandonnant le sel.

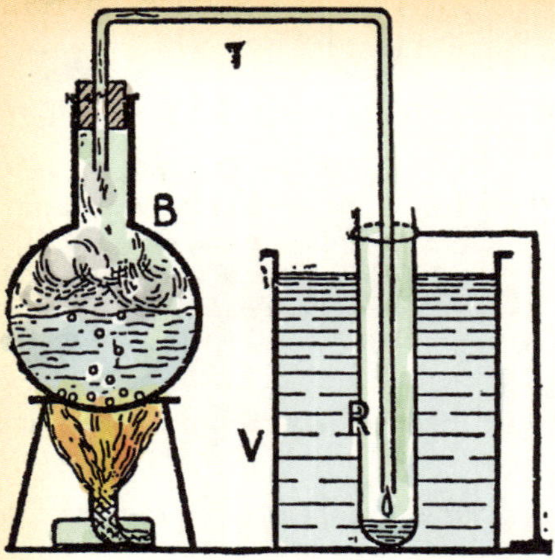

Fig 4 — La distillation de l'eau

5. L'eau distillée.

EXPÉRIENCE : Préparons le dispositif indiqué par la *figure 4*. Mettons dans le ballon B de l'eau impure (trouble, salée, etc.) . Faisons-la bouillir. La vapeur est conduite par le tube à dégagement T dans l'éprouvette R que refroidit l'eau du vase. Elle s'y condense. Quand nous en avons obtenu une quantité suffisante, nous constatons qu'elle est parfaitement limpide et qu'elle n'a aucune saveur. C'est de l'eau pure, appelée *eau distillée*.

Pour en préparer des quantités importantes, on emploie un *alambic* (*fig. 5*) ; l'eau impure est chauffée dans une chaudière ; la vapeur qui s'en dégage est conduite dans un *serpentin* plongé dans un *réfrigérant* où de l'eau froide est renouvelée constamment ; l'eau distillée est recueillie à la sortie du serpentin.

6. Évaporation d'eaux diverses.

EXPÉRIENCE : Sur une lame de couteau bien brillante, déposons trois gouttes d'eau : l'une d'eau de pluie, l'autre d'eau de source, la troisième d'eau salée. Laissons-les s'évaporer. L'eau de pluie ne

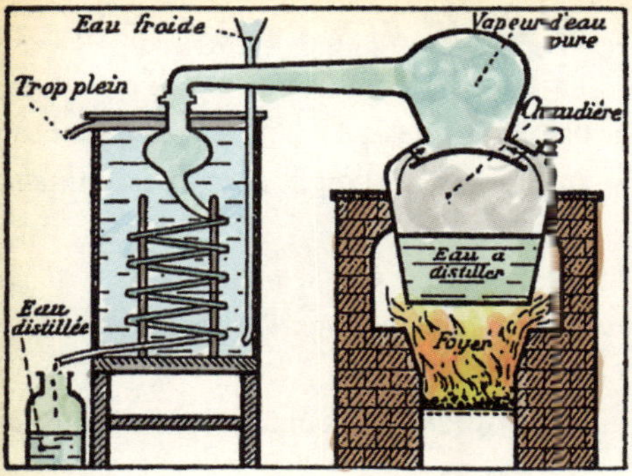

Fig. 5. — Un alambic

laisse aucune trace, l'emplacement de l'eau de source est marqué par une tache grise de craie, celui de l'eau salée par un dépôt de sel.

CONCLUSION : *Comme l'ébullition, l'évaporation d'une eau contenant des corps dissous laisse ces corps en dépôt.*

APPLICATIONS :

L'eau de mer contient environ 30 grammes de sel dissous par litre. Étalée dans les *marais salants*, l'eau s'évapore et le sel, qui recouvre le fond des bassins est recueilli.

RÉSUMÉ

☞ *Quand on chauffe de l'eau à 100° C, elle entre en ébullition et se transforme en un gaz, la vapeur d'eau.*

☞ *La vapeur d'eau refroidie se condense en redonnant de l'eau liquide.*

☞ *Si l'on fait bouillir de l'eau qui a dissous des corps solides, l'eau seule se vaporise et les corps dissous se déposent.*

☞ *On prépare l'eau pure, ou eau distillée, en condensant la vapeur d'eau produite par l'ébullition d'une eau quelconque.*

☞ *La séparation de l'eau et des corps dissous s'obtient également par évaporation de l'eau.*

☞ *L'extraction du sel dans les marais salants est une application de cette propriété.*

EXERCICES D'OBSERVATION ET DE REFLEXION

– Sachant que la combustion de l'alcool ou du gaz d'éclairage produit de l'eau, expliquez la formation de buée à la base du ballon d'eau qu'on commence à chauffer.
– Confectionnez une petite boite en papier dans laquelle vous versez de l'eau et que vous placez sur un réchaud. L'eau peut-elle bouillir sans que le papier brûle ? Pourquoi ?
– La soupe cuit-elle plus rapidement quand elle bout à gros bouillons ou quand elle bout doucement ?
– Le bouillon qui a cuit trop longtemps est généralement trop salé ; pourquoi ?
– Est-il exact de dire que le nuage blanc qui se forme au-dessus d'une casserole d'eau bouillante est de la vapeur ? Par quoi est-il formé ?
– Recueillez l'eau qui tombe au début d'une averse, après une longue période de sécheresse, et faites-la évaporer ; est-ce de l'eau pure ? Pourquoi ?
– Expliquez la formation de la croûte solide qui se dépose dans les bouilloires.
– Deux corps solides, dont un seul se dissout dans l'eau, sont intimement mélangés. Imaginez un moyen de les séparer.
– Préparez un petit « marais salant » en plaçant dans une assiette une couche d'eau salée. Observez la façon dont le sel se dépose au cours de l'évaporation.

Questionnaire

1. Décrivez les phénomènes qui se produisent quand on chauffe de l'eau jusqu'à 1000. – 2. Que se produit-il quand on refroidit de la vapeur d'eau ? – 3. Que savez-vous de la vapeur qui se produit quand on fait bouillir de l'eau de pluie, de l'eau de source, de l'eau salée ?– 4. Comment obtient-on l'eau distillée ? – 5. Que résulte-t-il de l'évaporation d'eaux contenant des corps dissous ? – 6. Expliquez ce qui se passe dans un marais salant.

6 LA VAPEUR D'EAU ATMOSPHÉRIQUE

1. La vapeur d'eau de l'air.

OBSERVATIONS :

a) Une carafe que l'on vient de remplir d'eau très fraîche se couvre aussitôt de buée.

b) Par les beaux soirs d'été, dès le coucher du soleil, une brume légère s'élève sur la campagne au voisinage des ruisseaux ; elle rend nos vêtements humides quand nous la traversons : elle est formée, en effet, de très fines gouttelettes d'eau. Pendant le jour, l'eau du ruisseau s'était évaporée, imprégnant l'air de vapeur ; à la tombée de la nuit, quand il fait plus frais, cette vapeur se condense en particules d'eau si ténues qu'elles flottent dans l'air.

c) En automne et au printemps, il arrive que les trottoirs des rues paraissent mouillés comme s'il avait plu ; les murs des appartements sont humides et parfois même, il y ruisselle des gouttes d'eau. Cette humidité ne peut évidemment provenir que de la vapeur d'eau de l'air qui se condense sur les corps froids.

CONCLUSION : *Il y a toujours de la vapeur d'eau dans l'air.*

2. D'où provient cette vapeur.

À la surface des rivières, des étangs, des lacs, de la mer, l'eau s'évapore. Cette évaporation est surtout active en été, mais elle se produit en toutes saisons, même, en hiver, les jours de gelée.

En outre, la transpiration des végétaux déverse dans l'air une grande quantité de vapeur d'eau ; on a calculé qu'en six mois, un chêne moyen rejette mille cent hectolitres d'eau, un hectare de prairie plus de douze mille hectolitres.

3. Rosée et gelée blanche.

Par les nuits claires, le sol et les plantes se refroidissent beaucoup.

À leur contact, l'air se refroidit également et une partie de la vapeur qu'il contient se condense en eau qui se dépose en gouttes sur l'herbe et les feuilles des arbres : c'est la *rosée*.
Si la température, au voisinage du sol, s'abaisse jusqu'à 0°, les gouttelettes provenant de la condensation de la vapeur d'eau de l'air se congèlent et forment une mince pellicule de fines aiguilles de glace : c'est la *gelée blanche*.

4. Brouillard et nuages.
Le vent est de l'air en mouvement. Si une masse d'air chargée de vapeur d'eau arrive dans une région plus froide que celle d'où elle provient, la vapeur se condense en fines particules.

Au voisinage du sol, ces particules liquides constituent le *brouillard*, qui se dissipe par évaporation quand la température s'élève.
À une certaine hauteur dans l'atmosphère, elles forment les *nuages* qui, par beau temps, ont le plus souvent l'aspect de grosses masses blanches floconneuses, changeant constamment de forme (*fig.* I, *1*).
Dans les régions élevées de l'atmosphère, où la température est

Fig. 1. — Divers aspects des nuages.

très basse, la vapeur d'eau se condense en légères aiguilles de glace. Ce sont ces aiguilles qui forment les petits nuages blancs, souvent moutonnés (*fig.* I, 2) que l'on voit très haut dans le ciel ; d'autres apparaissent le soir à l'horizon, en bandes ou « strates » horizontales, colorées en rouge, orangé ou mauve par les rayons du soleil couchant (*fig.* I, 3).

5. Pluie et neige.

Les gouttelettes d'eau des nuages tombent très lentement. Si au cours de leur chute, elles arrivent dans une région plus chaude, elles s'évaporent de nouveau : le nuage se dissipe à sa base pour se reformer au sommet.

Au cas contraire, ces gouttelettes continuent à tomber ; la condensation de la vapeur s'accentue ; le nuage s'étend, s'abaisse, s'épaissit ; en même temps, les rayons du soleil le traversant plus difficilement, il s'assombrit : c'est le nuage de pluie qui, parfois, couvre tout le ciel d'un voile gris.

Les gouttelettes d'eau du nuage se rencontrent, s'agglomèrent, deviennent ainsi des gouttes qui tombent en pluie.

Si la température est de 0° C ou de moins de 0° C, les gouttelettes se congèlent en aiguilles de glace qui se heurtent, se soudent et forment les flocons de *neige*.

6. Verglas, givre, grêle.

Des gouttes de pluie tombant sur un sol très froid s'y congèlent instantanément en formant une couche de verglas.

Par de froides et sèches journées d'hiver, la vapeur d'eau de l'air se congèle au contact des rameaux des arbres et des arbustes et les revêt d'une dentelle de *givre* ; sur les vitres glacées, le givre se dépose en formant de délicats et très gracieux dessins.

En été, pendant certains orages, et par suite de phénomènes encore mal expliqués, la vapeur d'eau des nuages se congèle en petits blocs de glace pouvant avoir un diamètre de 1 à 2 centimètres, parfois davantage : c'est la grêle qui cause de grands dégâts dans les champs, les jardins et les vergers.

RÉSUMÉ

☞ *L'air contient toujours de la vapeur d'eau. Cette vapeur provient de l'évaporation de l'eau des rivières, des lacs, de la mer et de la transpiration des végétaux. Par les nuits claires, au contact du sol et des végétaux froids, cette vapeur se condense en eau qui forme la rosée ou se congèle en produisant la gelée blanche.*

☞ *La condensation de la vapeur d'eau dans l'atmosphère produit le brouillard et les nuages.*

☞ *Les nuages peuvent se résoudre en pluie ou en neige.*

☞ *En se congelant au contact d'un sol très froid, la pluie forme le verglas.*

☞ *Le givre résulte de la condensation et de la congélation de la vapeur d'eau de l'air au contact de corps dont la température est inférieure à 0°.*

☞ *En été, certains orages sont accompagnés de grêle.*

EXERCICES D'OBSERVATION ET DE REFLEXION

– Que voit-on en été, sur un récipient contenant de la glace ? Expliquez.

– Certains jours, le sel de cuisine paraît sec au toucher ; d'autres jours, il est très humide. Comment expliquez-vous cette différence ?

– Quelle différence d'origine y a-t-il entre les aiguilles de glace de la genre blanche et la glace que produit une gelée ordinaire ?

– Comment expliquez-vous que le brouillard soit très fréquent et épais dans les régions montagneuses ?

– Quand dit-on que le brouillard « s'élève » ? Cela signifie-t-il que le brouillard s'élève réellement dans l'atmosphère ?

– De quelle direction viennent dans votre région, les nuages qui donnent la pluie ?

– Comment expliquez-vous la formation de givre sur les vitres, à l'intérieur des appartements ?

Questionnaire

1. Expliquez la formation de la brume des soirs d'été. – 2. D'où provient la vapeur d'eau de l'air ? – 3. Expliquez la formation de la rosée. – 4. Quelle différence y a-t-il entre la rosée et la gelée blanche ? – 5. Comment se forme et comment se dissipe le brouillard ?– 6. Par quoi sont formés les nuages peu élevés dans l'atmosphère ? les nuages très élevés ? – 7. Expliquez la formation de la pluie, de la neige. – 8. Quelle différence y a-t-il entre le verglas et le givre ? – 9. Par quoi est formée la grêle ?

7 LES LAMPES À PÉTROLE ET À ESSENCE

Matériel

Plusieurs soucoupes ; de l'essence ; du pétrole ; une lampe à essence ; une lampe à pétrole ; un verre ; de l'eau de chaux ; un chiffon mouillé.

1. Pétrole et essence.

Deux liquides, le pétrole et l'essence, sont utilisés dans les appareils d'éclairage. On les distingue aisément :

Par leur *aspect* : l'essence est limpide, le pétrole présente des reflets bleuâtres ou jaunâtres.

Par leur *fluidité* : le pétrole semble plus épais.

Par leur *odeur*. Par leur *inflammabilité*. Mettons quelques gouttes d'essence dans une soucoupe, quelques gouttes de pétrole dans une autre. Approchons une allumette : l'essence prend feu avant que la flamme ne l'ait touchée (*fig.* I, I) ; s'évaporant très facilement, elle émet des vapeurs qui brûlent d'abord. Le pétrole ne s'enflamme pas au contact de l'allumette, qui s'y éteint (*fig.* I, II). Pour qu'il brûle, il faut le chauffer en maintenant un moment une flamme à sa surface.

Fig. 1. — I. L'essence est très inflammable; II. Le pétrole s'enflamme difficilement.

CONCLUSION : *L'essence est beaucoup plus dangereuse à manipuler que le pétrole.*

2. Une lampe à pétrole.

Elle comprend :

- Un *réservoir*, souvent porté par un pied sur un socle lourd, afin que la lampe soit stable (*fig.* 2).
- Un *bec*, formé de deux feuilles de laiton concentriques ; au bas, une ouverture triangulaire permet le passage de l'air (*fig.* 3).

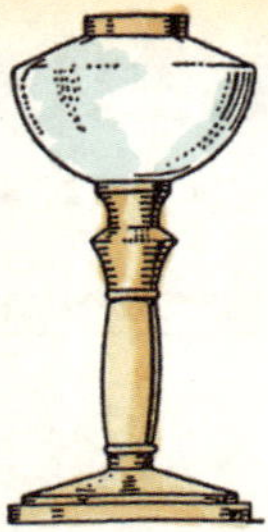

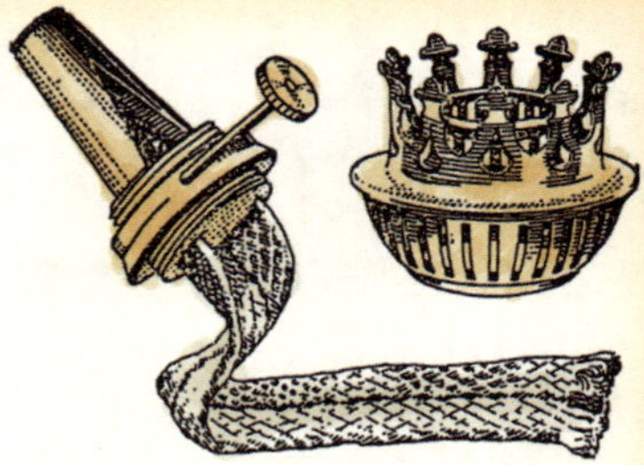

Fig. 2. — Le réservoir de la lampe. Fig. 3. — Le bec et la mèche. Fig. 4. — La galerie.

- Une *mèche* en coton tressé peu serré, plate, frangée à une extrémité (*fig.* 3). Elle se loge exactement dans l'intervalle qui sépare les deux lames de laiton du bec et elle peut monter ou descendre quand on manœuvre le *régulateur*.
- Une galerie percée à la base de trous nombreux (*fig.* 4).
- Un verre qui forme cheminée.

3. Allumons la lampe.

OBSERVATIONS :

a) Plaçons le bec pourvu de la mèche, sans la galerie. Le liquide mouille toute la mèche. Allumons la lampe : la flamme est jaune, vacillante, fumeuse (*fig.* 5, A).
Écrasons la flamme avec une soucoupe : celle-ci se couvre de noir de fumée. C'est donc que la flamme du pétrole, comme celle de la bougie, contient des particules de charbon.

b) Fermons avec un carton l'ouverture de la base du bec ; nous empêchons l'air de pénétrer à l'intérieur de la flamme, qui s'allonge et fume davantage (*fig.* 5, B).

c) Vissons la galerie et plaçons le verre. Celui-ci se couvre d'une légère buée qui ne tarde pas à disparaître. La flamme devient fixe, blanche, très éclairante (*fig.* 5, C) ; elle ne dégage plus de noir de fumée.
Présentons une feuille de papier à cigarette à l'orifice du verre : elle est entraînée vers le haut ; c'est donc qu'un courant gazeux s'élève dans le verre.

d) Arrêtons l'arrivée d'air par la galerie en entourant complètement

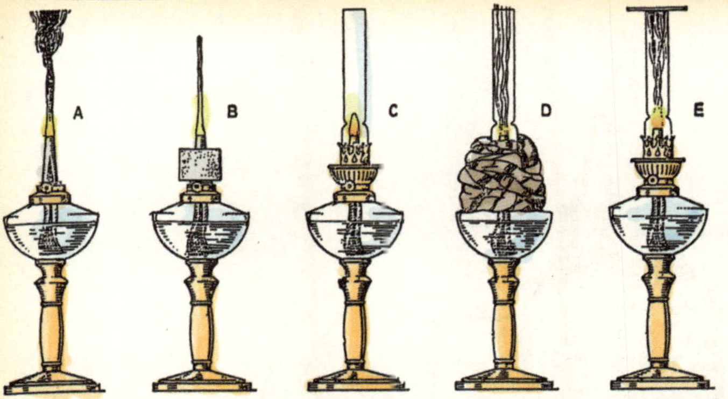

Fig. 5. — La flamme de la lampe : A, sans la galerie; — B, l'ouverture du bec fermée par un carton; — C, la galerie et le verre placés; — D, la galerie recouverte d'un linge humide; — E, le verre fermé par un carton.

celle-ci avec un chiffon humide ; la flamme devient jaune, fumeuse, et s'éteint (*fig.* 5, D).

e) Nous obtenons le même résultat en arrêtant le courant gazeux à la sortie du verre que nous recouvrons d'un carton (*fig.* 5, D).

EXPLICATIONS :

Quand la lampe brûle normalement, l'air pénètre par la galerie et par l'ouverture de la partie inférieure du bec ; il s'établit ainsi un double courant d'air à l'extérieur et à l'intérieur de la flamme (*fig.* 6). La combustion est alors complète ; toutes les particules de charbon contenues dans le pétrole brûlent avec incandescence ; la flamme est très éclairante. L'air chauffé et les gaz chauds produits par la combustion s'élèvent dans le verre et provoquent un appel d'air frais à la base : on dit que le verre produit du *tirage*.

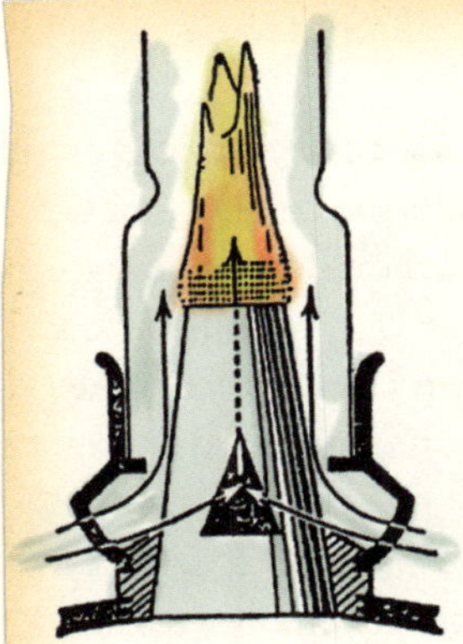

Fig. 6. — L'air arrive à l'extérieur et à l'intérieur de la flamme.

Si le tirage est arrêté par suppression

de l'arrivée d'air à la base ou par fermeture du verre, la combustion devient incomplète et s'arrête.

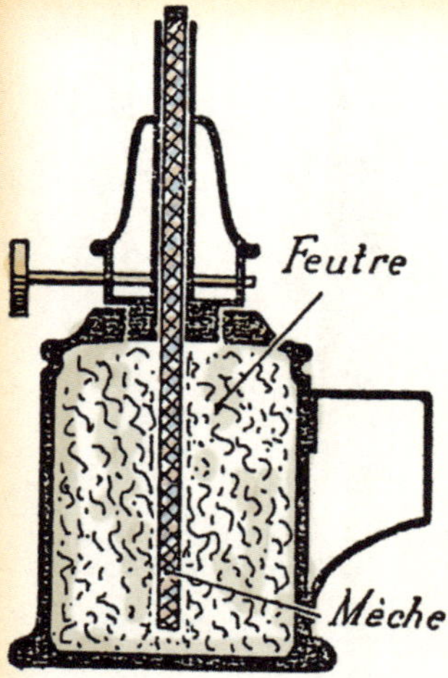

Fig. 7 — Coupe d'une lampe à essence.

CONCLUSION : *La combustion du pétrole produit de la vapeur d'eau et du gaz carbonique.*

4. La lampe à essence.

On ne lui demande qu'un éclairage momentané et réduit.
Son réservoir est métallique ; pour que l'essence ne puisse couler si la lampe se renverse, il est garni intérieurement d'une matière spongieuse, feutre ou éponge (*fig.* 7). La mèche est cylindrique. Il n'y a donc pas de courant d'air à l'intérieur de la flamme. Le verre, en forme de globe, n'établit pas de tirage et ne sert qu'à protéger la flamme contre les courants d'air.

5. Comment régler une combustion vive.

Dans toutes les combustions que nous avons observées : allumette, charbon de bois, bougie, lampes, nous avons constaté :
Que l'air est indispensable à la combustion.
Que la combustion est d'autant plus active que l'air arrive plus abondamment dans toutes les parties du foyer.

6. Pour activer la combustion.

Dans les cheminées, les poêles, le combustible est posé sur une grille entre les barreaux de laquelle l'air circule. Le combustible lui-même ne doit pas être tassé. Au besoin, on envoie de l'air avec un *soufflet* : c'est ce que fait le forgeron pour activer le feu de sa forge.

7. Pour ralentir et arrêter la combustion.

On ferme l'orifice d'entrée d'air d'un poêle. Le boulanger enferme sa braise dans un *étouffoir*. On éteint du pétrole enflammé en le recouvrant de terre ou de sable. On enroule dans une couverture une personne dont les vêtements ont pris feu.

RÉSUMÉ

☞ *On utilise pour l'éclairage l'essence, très inflammable, et le pétrole.*

☞ *Dans la lampe à pétrole, un courant d'air pénètre par les trous de la galerie, passe à l'extérieur et à l'intérieur de la flamme et s'échappe par le verre.*

☞ *Dans ces conditions, le pétrole brûle avec une flamme fixe, blanche, rendue très éclairante par des particules de charbon portées à l'incandescence.*

☞ *La combustion du pétrole produit de la vapeur d'eau et du gaz carbonique.*

☞ *La flamme de la lampe à essence n'est en contact avec l'air que par l'extérieur.*

☞ *On active une combustion vive en favorisant l'arrivée d'air ; on la ralentit ou on l'arrête en diminuant ou en empêchant l'arrivée d'air.*

Questionnaire

1. Comment distingue-t-on l'essence du pétrole ? – 2. Citez et décrivez les diverses parties d'une lampe à pétrole. – 3. Comment brûle la lampe quand la galerie n'est pas mise ? quand l'ouverture du bec est obstruée ? quand le verre est mis ? – 4. Expliquez les différences constatées. – 5. Que se produit-il quand on ferme les trous de la galerie ? – 6 Quels corps sont produits par la combustion du pétrole ? – 7. Indiquez les différences entre une lampe à essence et une lampe à pétrole. – 8. Comment active-t-on ou ralentit-on une combustion ?

EXERCICES D'OBSERVATION ET DE REFLEXION

– Il est interdit de fumer dans un garage, un dépôt d'essence. Justifiez cette prescription.

– Quelle peut être l'utilité des franges qui terminent à un bout la mèche de la lampe à pétrole ?

– Collez un papier sur l'ouverture du bec d'une lampe, puis vissez la galerie et allumez la lampe. Que constatez-vous ?

– Une lampe à pétrole brûle normalement. Vous montez assez fortement la mèche. Que se passe-t-il ? Expliquez.

– Comment éteint-on habituellement une lampe à pétrole ?

– Quelle est l'utilité du capuchon qui recouvre la mèche de la lampe à essence quand celle-ci est éteinte ?

– Démontez un briquet à essence, voyez ses diverses parties ; comparez-le à une lampe à essence. Comment s'allume-t-il ?

– Un feu de bois ou de charbon brûle mal. On le « tisonne » ; la combustion est activée. Expliquez.

– Si possible, voyez comment on règle la rapidité de la combustion dans un poêle à feu continue, dans une chaudière de chauffage central.

8 L'OXYGÈNE

Matériel

Une cuvette ; une rondelle de liège ; de l'eau ; plusieurs bocaux ; un ballon d'oxygène ou de l'eau oxygénée, du permanganate de potasse, un tube à dégagement ; une bougie ; charbon de bois ; fleur de souffre ; fil de fer ; coupelle (au besoin, en terre glaise).

1. La combustion absorbe une partie de l'air.

EXPÉRIENCE : Sur une rondelle de liège qui flotte sur l'eau d'une cuvette, plaçons une petite bougie. Après l'avoir allumée (*fig.* I, I), recouvrons-la d'un bocal retourné ; elle s'éteint bientôt (*fig.* I, II). Puis l'eau de la cuvette monte peu à peu dans le bocal, prenant ainsi la place d'une partie de l'air qui s'y trouvait (*fig.* I, III) et qui a disparu : la combustion de la bougie a donc absorbé une partie de l'air et le gaz qui reste ne peut entretenir la flamme.

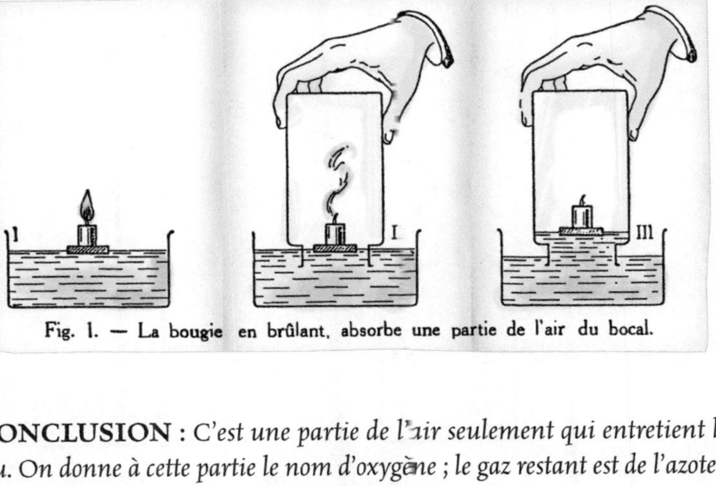

Fig. 1. — La bougie en brûlant, absorbe une partie de l'air du bocal.

CONCLUSION : *C'est une partie de l'air seulement qui entretient le feu. On donne à cette partie le nom d'oxygène ; le gaz restant est de l'azote.*

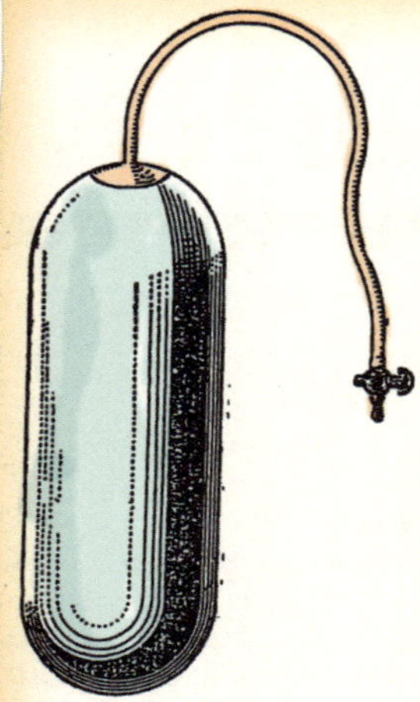

Fig. 2. — Un ballon d'oxygène.

2. On prépare de l'oxygène dans l'industrie.

Dans certaines usines, on refroidit considérablement l'air en le comprimant beaucoup. Dans ces conditions, l'air devient liquide ; mais c'est l'oxygène qui se liquéfie le premier, si bien qu'en arrêtant l'opération au moment convenable, on a un liquide qui est de l'oxygène à peu près pur, et un gaz qui est de l'azote à peu près pur.

L'oxygène est alors logé dans de solides bouteilles d'acier.

Nous pouvons nous procurer chez le pharmacien un ballon de caoutchouc (*fig.* 2) empli d'oxygène comprimé.

3. Préparons de l'oxygène.

À défaut de ballon, nous pouvons préparer nous-mêmes de l'oxygène en mettant dans un flacon de l'eau oxygénée à laquelle nous ajoutons du permanganate de potasse (*fig.* 3).

Nous pouvons ainsi emplir plusieurs flacons ou éprouvettes.

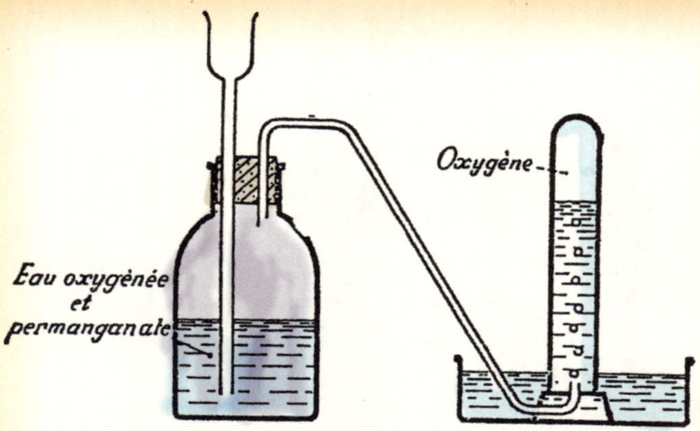

Fig. 3. — Comment on prépare de l'oxygène.

4. Faisons brûler des corps dans l'oxygène.

a) Une allumette.

EXPÉRIENCE : Éteignons une allumette et rapidement, alors qu'elle n'a plus qu'un point rouge, plongeons-la dans une éprouvette d'oxygène : elle se rallume aussitôt et brûle avec beaucoup plus d'éclat et de vivacité que dans l'air (*fig. 4*).

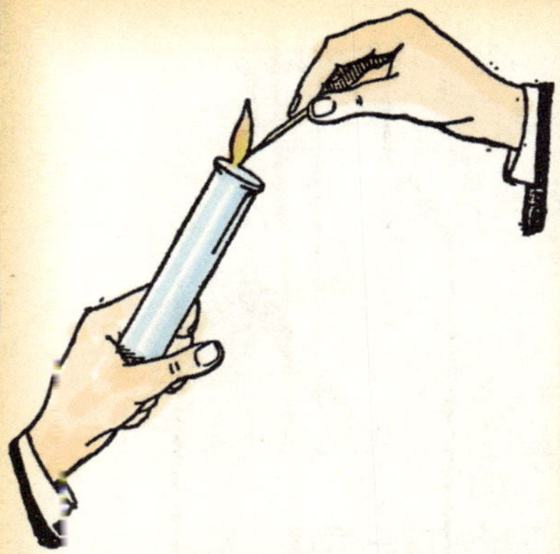

Fig 4. — Une allumette presque éteinte se rallume dans l'oxygène.

Avec la même éprouvette, recommençons l'expérience : elle réussit deux fois, trois, quatre fois, puis l'allumette ne se rallume plus ; enfin, une allumette enflammée s'éteint quand on la plonge dans l'éprouvette : c'est la preuve que le gaz que celle-ci contient alors n'est plus de l'oxygène.

CONCLUSION : *L'oxygène active la combustion de l'allumette, mais cette combustion le fait disparaître peu à peu.*

Fig. 5. — Dans l'oxygène, la bougie brûle avec plus de vivacité que dans l'air.

b) Une bougie.

EXPÉRIENCE : Dans un flacon plein d'oxygène, introduisons une bougie allumée soutenue par un fil de fer. La flamme devient extrêmement vive (*fig. 5*) puis la bougie s'éteint. Rallumée, elle s'éteint encore dès qu'on la remet dans le flacon : celui-ci ne contient donc plus d'oxygène. Versons dans le flacon un peu d'eau de chaux limpide, et agitons : l'eau de chaux blanchit. Le flacon contient donc maintenant du gaz *carbonique*.

Fig. 6. — Le charbon de bois brûle dans l'oxygène avec un vif éclat.

Fig. 7. — La combustion du soufre dans l'oxygène produit une vive flamme bleue.

c) Du charbon de bois.

EXPÉRIENCE : Chauffons dans une flamme l'extrémité d'une baguette de charbon de bois tenue à l'aide d'un fil de fer ; quand elle est rouge, plongeons le charbon dans un flacon d'oxygène ; son extrémité enflammée devient d'un rouge vif et brûle rapidement, en projetant des étincelles brillantes (*fig. 6*), puis le charbon s'éteint. En introduisant dans le flacon un charbon allumé, puis de l'eau de chaux, nous constatons, comme dans l'expérience précédente, que l'oxygène a disparu et que le flacon contient du gaz carbonique.

d) Du soufre.

EXPÉRIENCE : Enflammons un peu de soufre dans une petite coupe en terre : il brûle avec une toute petite flamme bleue. Plongeons la coupelle dans un flacon d'oxygène : le soufre brûle avec une belle flamme bleue, très vive (*fig. 7*), puis s'éteint. Rallumé, il s'éteint dès qu'on l'introduit à nouveau dans le flacon.

Il s'est produit un gaz à l'odeur piquante, qui fait tousser ; ce n'est donc pas du gaz carbonique ; c'est du gaz *sulfureux.*

CONCLUSION : *Dans l'oxygène, les corps brûlent beaucoup plus vivement que dans l'air. Au cours de la combustion, l'oxygène et une partie du combustible disparaissent, et il se forme un corps nouveau.*

5. Ce qu'est une combustion.

En réalité, dans une combustion, ni le combustible, ni l'oxygène ne sont détruits : ils s'unissent, ou, comme disent les chimistes, ils se combinent pour former un corps nouveau : par exemple *gaz* carbonique, composé de charbon et d'oxygène ; *gaz sulfureux, composé de soufre* et d'oxygène.

L'oxygène se fixe sur le corps qui brûle ; on dit qu'il *l'oxyde.* Il en est ainsi pour les combustions à l'air libre aussi bien que pour les combustions dans l'oxygène pur, mais les combustions à l'air libre sont moins actives en raison de la présence de l'azote.

CONCLUSION : *Toute combustion est une oxydation, c'est-à-dire une combinaison de l'oxygène avec le corps qui brûle.*

Questionnaire

1. Comment montre-t-on que l'air est formé de deux parties ? – 2. Quelles sont ces deux parties ? – 3. Comment prépare-t-on l'oxygène dans l'industrie ? dans une classe ? – 4. Décrivez la combustion d'une allumette dans l'oxygène, celle d'une bougie, de charbon de bois, de soufre. – 5. Pourquoi dit-on qu'une combustion est une oxydation ? – 6. Comment fonctionne un chalumeau à acétylène ? – 7. Indiquez un autre usage de l'oxygène.

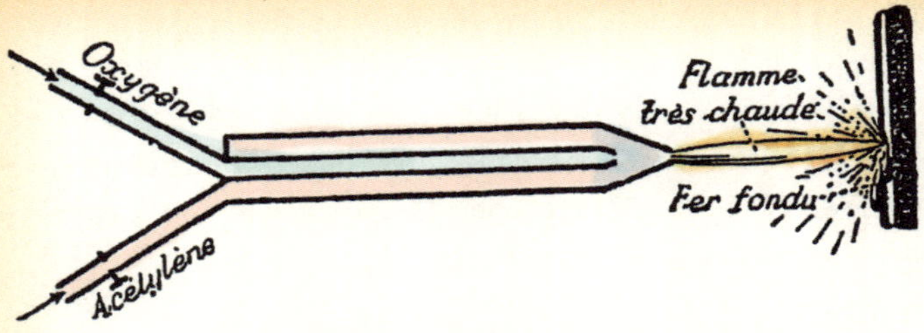

Fig. 8. — Un chalumeau à acétylène et oxygène.

6. Usages de l'oxygène.

a) Quand on veut obtenir une flamme très ardente, de température très élevée, on envoie de l'oxygène sur le foyer au lieu d'y envoyer de l'air. C'est ce que l'on fait dans le chalumeau à acétylène (*fig.* 8) avec lequel on fond le fer ; deux tuyaux amènent l'un de l'acétylène, l'autre de l'oxygène ; les deux gaz se mélangent tout près de l'orifice du chalumeau, où on les enflamme.

b) C'est également l'oxygène qui entretient notre respiration : aussi quand un malade respire difficilement, suffoque, ou a subi un commencement d'asphyxie, on lui fait respirer de l'oxygène pur.

RÉSUMÉ

☞ *L'air est formé de deux gaz : l'oxygène qui entretient les combustions, l'azote qui ne les entretient pas.*

☞ *L'industrie prépare de grandes quantités d'oxygène en liquéfiant partiellement de l'air.*

☞ *Beaucoup de corps brûlent dans l'oxygène avec plus de vivacité que dans l'air.*

☞ *Toute combustion est une oxydation, c'est-à-dire une combinaison de l'oxygène avec le corps qui brûle.*

☞ *Pour obtenir des flammes à température très élevée, on envoie de l'oxygène sur le foyer.*

☞ *C'est l'oxygène qui entretient la respiration de tous les êtres vivants.*

EXERCICES D'OBSERVATION ET DE REFLEXION

– Avez-vous déjà vu un foyer presque éteint se rallumer de lui-même comme le fait l'allumette dans l'oxygène ? Où ? Dans quelles circonstances ?
– Comparez, si possible, la flamme d'une lampe à acétylène à celle d'un chalumeau à acétylène. Quelles différences constatez vous ?
– Pour quels usages emploie-t-on l'eau oxygénée ?

9 LE GAZ CARBONIQUE

Matériel

De l'eau ; de l'eau de chaux ; de la craie carrée ; un brûleur ; de l'acide chlorhydrique ; appareil représenté par la figure 2 ; une bougie ; une souris vivante ; plusieurs bocaux ; des verres ; un chalumeau ; un siphon d'eau de seltz.

1. La combustion du charbon produit du gaz carbonique.

Au cours des leçons précédentes, nous avons constaté qu'il se produit du gaz carbonique, reconnaissable à ce qu'il blanchit l'eau de chaux limpide, quand brûlent le charbon de bois, la bougie, le pétrole. Mais nous savons que la flamme de la bougie et celle du pétrole contiennent des particules de *charbon*. C'est, dans tous ces cas, à la combustion de charbon qu'est due la production de gaz carbonique.

2. La craie contient du gaz carbonique.

EXPÉRIENCE : Chauffons très fortement un morceau de craie carrée, puis, quand il est porté au rouge, recouvrons-le d'un verre dont la paroi est humectée d'eau de chaux (*fig.* I) : le verre se ternit et paraît blanchâtre.

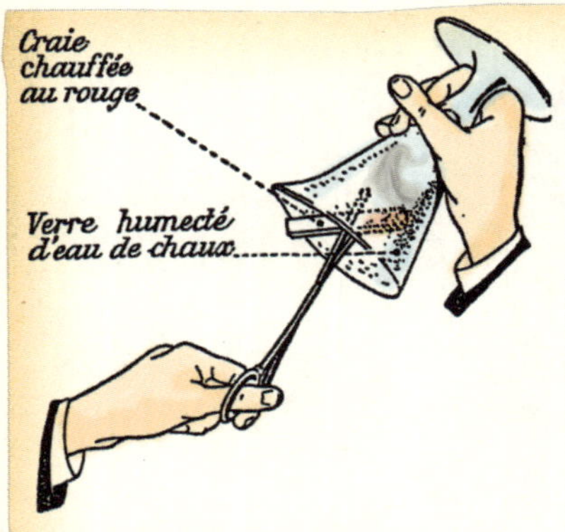

Fig. 1. — De la craie chauffée il se dégage du gaz carbonique.

CONCLUSION : I*l se dégage du gaz carbonique de la craie fortement chauffée.*

3. Préparons du gaz carbonique.

EXPÉRIENCE : C'est de la craie que nous allons extraire du gaz carbonique. Pour cela préparons l'appareil repré-

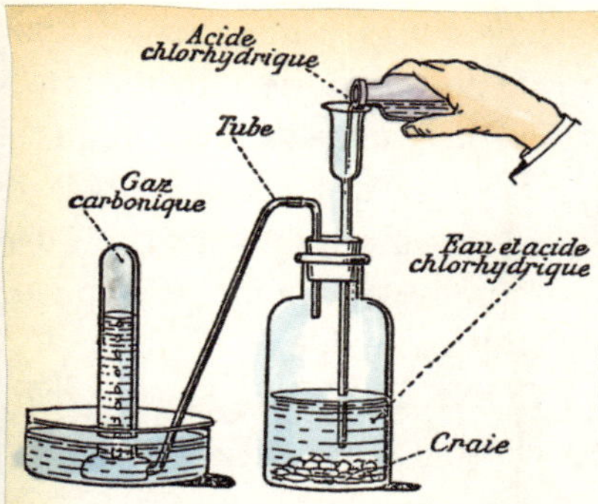

Fig. 2. — On prépare le gaz carbonique en faisant agir de l'acide chlorhydrique sur de la craie.

senté par la *figure* 2, et mettons quelques morceaux de craie et de l'eau dans le flacon à large goulot. Versons ensuite par le tube à entonnoir quelques gouttes d'esprit-de-sel ou *acide chlorhydrique*. Aussitôt un bouillonnement se produit à la surface des bâtons de craie : de nombreuses petites bulles gazeuses s'en dégagent, tandis que d'autres bulles sortent du tube à dégagement à travers l'eau de la cuvette. Laissons échapper les premières bulles, formées surtout de l'air du flacon, puis emplissons de gaz plusieurs éprouvettes et un grand flacon.

Dans la première éprouvette, versons un peu d'eau de chaux, et agitons : l'eau de chaux se trouble. C'est donc bien du gaz carbonique que nous avons préparé.

CONCLUSION : *On prépare le gaz carbonique en faisant agir l'acide chlorhydrique sur la craie.*

4. Quelques propriétés du gaz carbonique.

EXPÉRIENCE : Dans une éprouvette de gaz carbonique maintenue l'ouverture en haut, introduisons une allumette bien enflammée : elle s'éteint aussitôt (*fig.* 3).

CONCLUSION : *Les corps ne peuvent pas brûler dans le gaz carbonique.*

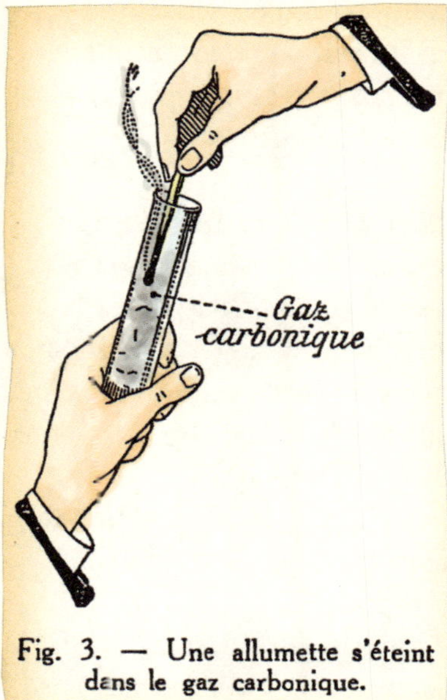

Fig. 3. — Une allumette s'éteint dans le gaz carbonique.

EXPÉRIENCE : Allumons

Fig. 4. — Le gaz carbonique tombe de l'éprouvette sur la bougie qu'il éteint.

une bougie, puis retournons au-dessus de la flamme une éprouvette de gaz carbonique : la bougie s'éteint (*fig.* 4). C'est que le gaz carbonique a coulé de l'éprouvette comme aurait pu le faire un liquide.

CONCLUSION : *Le gaz carbonique est plus lourd que l'air.*

EXPÉRIENCE : Pressons sur le levier d'un siphon d'eau de Seltz (*fig.* 5). Il en sort de l'eau d'où se dégagent ensuite de nombreuses bulles de gaz carbonique.

CONCLUSION : *Le gaz carbonique est soluble dans l'eau.*

APPLICATION : Les boissons gazeuses : eau de Seltz, limonade, cidre mousseux, vin mousseux, doivent leur saveur piquante au gaz carbonique.

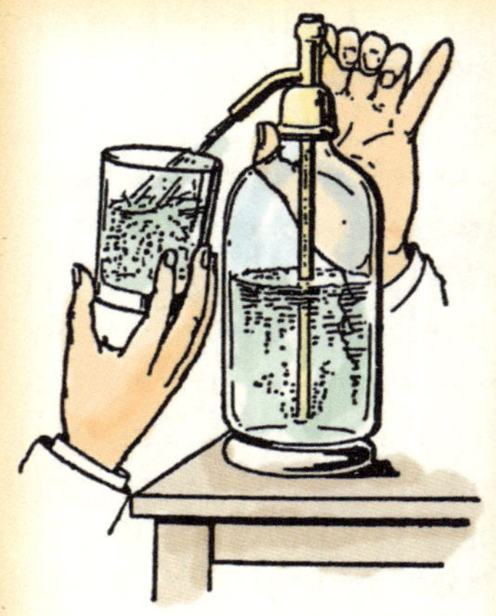

Fig. 5. — L'eau de Seltz contient du gaz carbonique dissous.

EXPÉRIENCE : Introduisons un petit animal vivant, une souris par exemple, dans un flacon de gaz carbonique que nous fermons aussitôt avec soin. Très vite, la souris donne des signes de malaise, elle s'agite, puis s'abat et meurt.

CONCLUSION : *Les animaux ne peuvent pas vivre dans le gaz carbonique.*

Naturellement, il en est ainsi de l'homme. Non seulement nous mour-

rions très vite si nous étions plongés dans une atmosphère de gaz carbonique pur, mais encore la présence de ce gaz dans l'air, en proportion assez considérable, est dangereuse : elle ne tarde pas à provoquer des maux de tête, un malaise général, et elle peut aboutir à la mort.

5. Production du gaz carbonique.

Du gaz carbonique se forme toujours autour de nous. Tout d'abord, il résulte de nombreuses combustions, parce que, ainsi que nous l'avons vu, de nombreux corps combustibles contiennent du charbon.

Fig. 6. — Notre respiration produit du gaz carbonique.

EXPÉRIENCE : Soufflons, à l'aide d'un chalumeau, dans de l'eau de chaux contenue dans un verre : elle se trouble (*fig.* 6).

CONCLUSION : *L'air que nous rejetons par la respiration contient du gaz carbonique.*

6. Quelques conseils.

a) Pour éviter que l'atmosphère des appartements se charge de gaz carbonique, il ne faut jamais utiliser d'appareils de chauffage non pourvus de cheminée d'évacuation, tels que les chaufferettes, certains radiateurs à gaz ou fourneaux à pétrole.

b) Lorsque de nombreuses personnes vivent dans une salle, par exemple une salle de classe, il faut, si possible, conserver une fenêtre ouverte, et en tout cas, aérer largement dès qu'on le peut : on doit ouvrir les fenêtres des classes à toutes les récréations, même en hiver. Dans une chambre à coucher, le gaz carbonique s'accumule pendant de longues heures. Aussi est-il particulièrement recommandé de laisser une fenêtre entrouverte pendant la nuit.

7. L'oxyde de carbone.

Quand on vient de garnir de charbon le foyer d'un poêle ou la grille d'une cheminée, de petites flammes bleues apparaissent au-dessus du charbon avant que celui-ci ne brûle. Elles sont dues à un gaz qui provient du charbon encore mal enflammé. Ce n'est pas du gaz carbonique puisque celui-ci n'est pas combustible ; c'est de *l'oxyde de carbone*. Ce gaz, qui n'a ni couleur ni odeur, est un poison violent ; il détruit les globules de sang. Il existe dans le gaz d'éclairage et c'est ce qui rend celui-ci dangereux. On doit surveiller attentivement le tirage des poêles, particulièrement des poêles à feu continu ou l'oxyde de carbone se forme abondamment en raison des grandes quantités de charbon qu'on y introduit. Il est prudent de ne jamais installer un de ces appareils dans une chambre à coucher.

RÉSUMÉ

☞ *Le charbon, en brûlant, produit un gaz incolore nommé gaz carbonique, qu'on reconnaît à ce qu'il trouble l'eau de chaux.*

☞ *On peut préparer du gaz carbonique en faisant agir de l'acide chlorhydrique sur de la craie.*

☞ *Le gaz carbonique est plus lourd que l'air, il est soluble dans l'eau.*

☞ *Dans le gaz carbonique, les corps ne brûlent pas, les animaux ne peuvent pas vivre.*

☞ *Il se produit toujours du gaz carbonique autour de nous par les combustions et la respiration.*

☞ *La combustion incomplète du charbon donne de l'oxyde de carbone qui est un poison violent.*

EXERCICES D'OBSERVATION ET DE REFLEXION

– Versez quelques gouttes de vinaigre fort sur un bâton de craie ; que se passe-t-il ?

– Faites agir de même du vinaigre sur un morceau de marbre, sur des coquilles d'œufs, des coquilles d'huîtres ; que voyez-vous ?

– On vous interdit de déposer une bouteille de vinaigre, des fruits acides, à même le marbre du buffet ou de la cheminée. Pourquoi ?

– Abandonnez de l'eau de chaux limpide dans une soucoupe ; il se forme à sa surface une pellicule blanche. Que pouvez-vous en conclure ?

Questionnaire

1. Que produit le charbon en brûlant ? – 2. Comment reconnaît-on le gaz carbonique ? – 3. Comment prépare-t-on le gaz carbonique ? – 4. Citez les principales propriétés du gaz carbonique. – 5. Indiquez des causes de production de gaz carbonique.– 6. Quelles précautions doit-on prendre pour éviter les dangers du gaz carbonique ? – 7. Quand se produit l'oxyde de carbone ? – 8. Quelles précautions doit-on prendre au sujet de ce gaz ?

10 LA BOUSSOLE

1. Aimantons une aiguille d'acier.

Nous savons qu'un *aimant* est un instrument d'acier qui a la propriété d'attirer le fer et l'acier.

La force d'attraction ou *force magnétique* de l'aimant va en décroissant de ses extrémités, qu'on nomme ses pôles, jusqu'au milieu où elle est nulle (*fig.* I).

Matériel

Un aimant ; de la limaille de fer ; une longue aiguille d'acier ; un flotteur en liège ; une large cuvette pleine d'eau ; une boussole : un fil fin de 2 à 3 mètres.

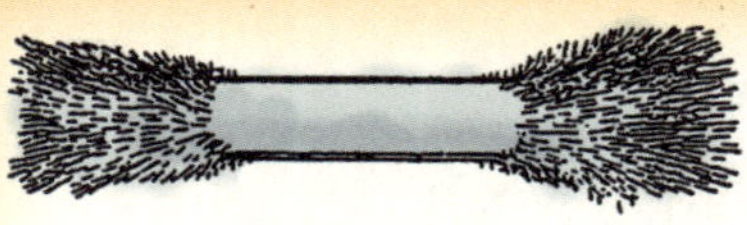

Fig. 1. — La limaille de fer reste fixée aux pôles de l'aimant.

EXPÉRIENCE :

Avec un pôle d'un aimant, frottons sur toute sa longueur une aiguille d'acier, toujours dans le même sens : au bout de quelques minutes, nous constatons que l'aiguille attire à ses extrémités de la limaille de fer : *elle est devenue un aimant.*

2. L'aiguille aimantée peut s'orienter.

EXPÉRIENCE :

Plaçons cette aiguille sur un large bouchon flottant sur l'eau d'une grande cuvette en faïence. L'aiguille et le flotteur tournent, oscillent légèrement et s'immobilisent

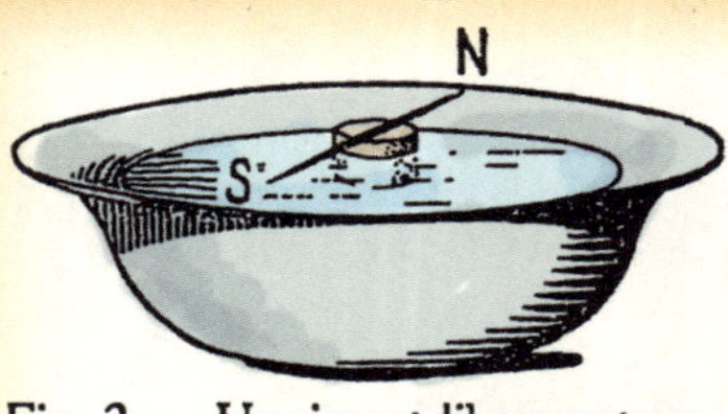

Fig. 2. — Un aimant librement suspendu prend la direction Nord-Sud.

(*fig.* 2). Notons à ce moment la direction de l'aiguille, puis tournons-la dans un sens très différent : elle revient exactement à la direction précédente, qui est approximativement la direction Nord-Sud.
Marquons d'un peu d'encre la pointe dirigée vers le Nord et déplaçons de nouveau l'aiguille, tournons-la bout pour bout : le même pôle revient toujours vers le Nord.

CONCLUSION : *Une aiguille aimantée placée horizontalement et pouvant se mouvoir librement s'oriente dans une direction très voisine de la direction Nord-Sud.On nomme pôle Nord la pointe de l'aiguille qui se dirige vers le Nord, et pôle Sud celle qui se dirige vers le Sud.*

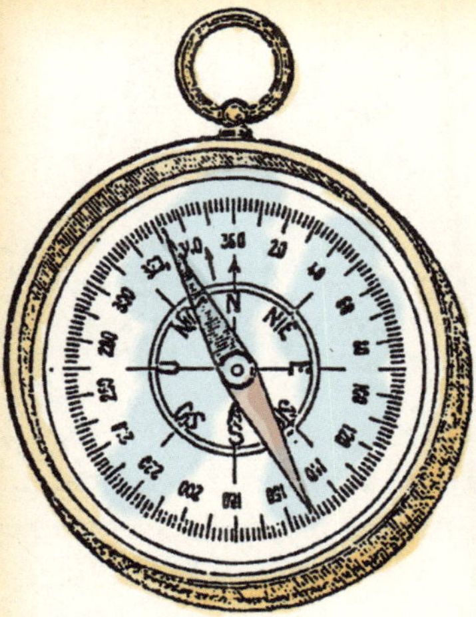

Fig. 3. — La boussole.

3. La boussole.
Sa pièce essentielle est une *aiguille aimantée* en forme de losange très allongé (*fig.* 3) et dont le pôle Nord est reconnaissable à sa couleur bleue. Cette aiguille peut tourner librement sur un pivot.
Elle est enfermée dans une boîte généralement en laiton, dont le couvercle est vitré et dont le fond porte un cadran divisé en 360°. Les lettres N, E, S, et O (ou W) figurent en face des divisions 0, 90, 180 et 270. Quand la lettre N est tournée vers le Nord, les autres lettres indiquent la direction de l'Est, du Sud et de l'Ouest.

4. La déclinaison.
L'ombre d'un piquet vertical à midi nous donne la direction de la *méridienne géographique.* Plaçons la boussole sur la ligne qui indique cette direction ; puis, à l'aide d'un long fil tendu qui passe très exactement

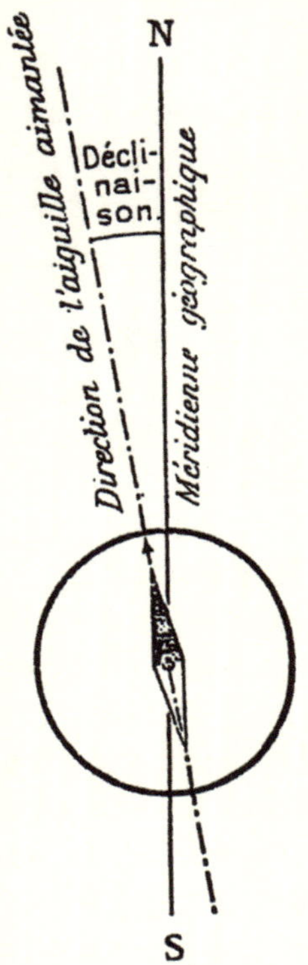

Fig. 4. — La direction de l'aiguille aimantée n'est pas exactement celle de la méridienne géographique.

au dessus des deux pointes de l'aiguille aimantée, repérons la direction de cette aiguille : elle ne coïncide pas exactement avec la méridienne géographique (*fig. 4*). L'angle très aigu formé par la méridienne géographique et la direction Nord de l'aiguille aimantée est la *déclinaison*.

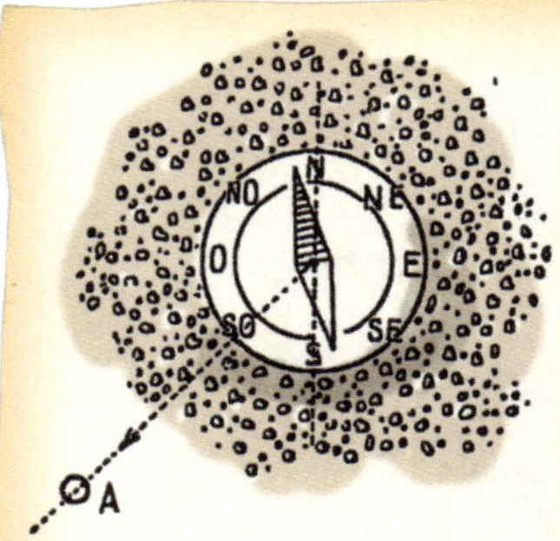

Fig. 5. — Comment on trouve son chemin, avec la boussole.

5. L'orientation sur le terrain.

Supposons qu'au cours d'une promenade nous nous trouvions, dans une forêt, en un lieu que nous savons être au Nord-Est de la localité A où nous habitons. Pour revenir, même si nous ne connaissons pas les sentiers, il nous suffira de marcher vers le Sud-Ouest. Il faut donc nous *orienter* : c'est facile, à l'aide d'une boussole. Il suffit, en effet, de tourner le boîtier de celle-ci de façon que la pointe bleue de l'aiguille recouvre exactement la flèche du cadran. À ce moment, la ligne S.-N du cadran nous donne exactement la direction du Nord, et la ligne S.-O. (ou S.-W) nous indique la direction Sud-Ouest dans laquelle nous devons marcher (*fig. 5*).

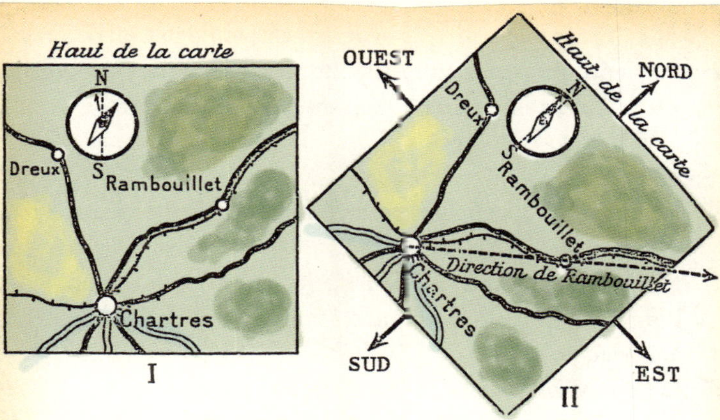

Fig. 6. — Comment on oriente une carte à l'aide de la boussole :
I, la boussole est posée sur la carte non orientée;
II, le haut de la carte est dans la direction du Nord donnée par la boussole.

6. L'orientation d'une carte.

Par convention, les cartes géographiques sont dessinées de façon que le Nord soit en haut, le Sud en bas, l'Est à droite et l'Ouest à gauche. Pour que les différentes indications figurant sur une carte, telles que le trace des routes, des cours d'eau, etc., aient la même direction réelle que sur le terrain, il est donc nécessaire que le haut de la carte soit tourné vers le Nord géographique et le bas vers le Sud : il faut que la carte soit *orientée*.

Pour cela, il suffit :

1° La carte étant disposée à plat, de placer sur elle une boussole, en faisant coïncider la ligne S.-N. du cadran avec la direction S.-N. (bas-haut) de la carte, cela sans se préoccuper de l'aiguille aimantée (*fig.* 6, I).

2° De tourner la carte et, en même temps qu'elle, la boussole, jusqu'à ce que la pointe bleue de l'aiguille recouvre exactement la flèche du cadran (*fig.* 6, II). À ce moment, le haut de la carte est tourné vers le Nord géographique et le bas vers le Sud.

Ayant repéré sur la carte l'emplacement A où l'on se trouve, il suffit de joindre par une droite ce point A au point qui marque l'emplacement d'une ville B pour que la droite AB donne exactement la direction de B. La *figure* 6 indique comment on peut procéder pour connaître par exemple, à Chartres, la direction exacte de Rambouillet.

RÉSUMÉ

☞ *Une aiguille d'acier frottée avec un pôle d'un aimant devient elle-même un aimant.*

☞ *Une aiguille aimantée placée horizontalement et pouvant se mouvoir librement s'oriente dans une direction très voisine de la direction Nord-Sud.*

☞ *Cette direction forme avec la méridienne géographique un angle très aigu qu'on nomme déclinaison.*

☞ *Une boussole est formée d'une aiguille aimantée mobile sur un pivot, au-dessus d'un cadran gradué en degrés et portant l'indication des points cardinaux.*

☞ *Lorsque l'aiguille de la boussole recouvre la flèche tracée sur le cadran et marquant la déclinaison, la ligne Nord-Sud du cadran donne exactement la direction de la méridienne géographique.*

☞ *La boussole permet de se diriger d'après une carte.*

EXERCICES D'OBSERVATION ET DE REFLEXION

– Placez la lame d'un couteau au-dessus du couvercle d'une boussole : que remarquez-vous ?
– Placez deux boussoles côte à côte : leurs aiguilles donnent-elles la direction du Nord ? Pourquoi ?
– À l'aide d'une carte à grande échelle (carte d'état-major par exemple ou carte routière), que vous orienterez, exercez-vous à reconnaître la direction de différentes localités voisines de la vôtre.
– Déterminez, par rapport à votre localité, la direction de Paris, Bordeaux, Marseille, Londres, Rome, Alger, Tunis, etc.
– Sur une carte d'Europe, tracez la direction du Nord : pour Paris, pour Rome, Berlin, Moscou. Ces directions sont-elles parallèles ? Pourquoi ?
– À l'aide de la boussole, orientez une carte d'Europe.

Questionnaire

1. Comment peut-on aimanter une aiguille d'acier ? – 2. Comment se place d'elle-même une aiguille d'acier librement suspendue ? – 3. Comment distingue-t-on le pôle Nord du pôle Sud d'une aiguille aimantée ? – 4. Qu'est-ce que la déclinaison ? – 5. Décrivez une boussole. – 6. Comment obtient-on exactement la direction du Nord avec une boussole ? – 7. Pourquoi et comment oriente-t-on une carte ?

CHAPITRE II

Les animaux

11 Le CHAT

1. Le chat à la maison.

Matériel

Si possible, chat naturalisé, crâne de chat : gravures représentant un chat sauvage, un lion, un tigre, une panthère.

Il n'est guère de maison, surtout à la campagne, où l'on n'ait un chat. C'est un animal remarquablement agile et gracieux (*fig.* I). Son pelage abondant, souple et lustré, est toujours d'une propreté parfaite et c'est une des principales occupations du chat au repos de se lécher longuement, minutieusement, pour faire disparaître les moindres souillures.

On lui donne une nourriture assez variée, mais il préfère le lait, la viande cuite ou crue et, quand il quitte la maison, c'est surtout pour chasser les petits oiseaux et les souris qui sont ses mets préférés.

2. Le chat découvre sa proie.

Il peut la rechercher dans les lieux les plus divers, car bien peu d'obstacles l'arrêtent. Grâce à la souplesse de sa colonne vertébrale, il se glisse dans les moindres passages des haies : il franchit des clôtures élevées par des bonds prodigieux que lui permettent les

Fig. 1. — Le chat domestique.

muscles puissants de ses cuisses. Même la nuit, il se guide sans difficulté : ses pupilles allongées s'élargissent considérablement pour recueillir la moindre lumière ; les poils très sensibles de ses longues moustaches le préviennent de la proximité d'un obstacle.

Il arrive tout près de sa proie sans éveiller son attention, car sa démarche est silencieuse, grâce à la présence sous ses doigts de coussinets épais et élastiques (*fig. 2*). Son ouïe très fine le renseigne sur la présence de l'animal qu'il cherche ; il se tapit alors, progresse par mouvements rampants ou, au contraire, reste patiemment en observation jusqu'au moment où un bon puissant lui permet de l'atteindre.

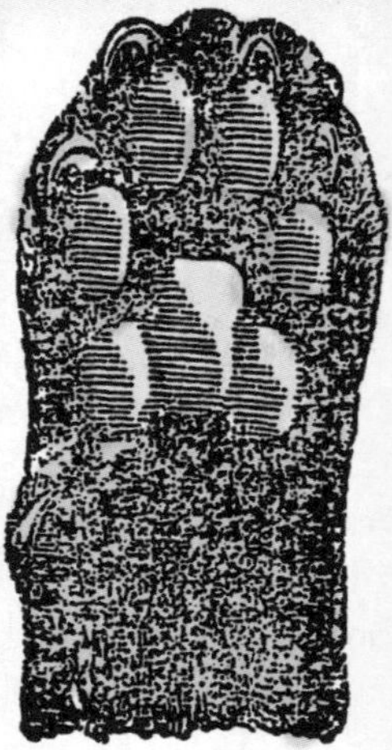

Fig. 2. — Une patte de chat vue de dessous.

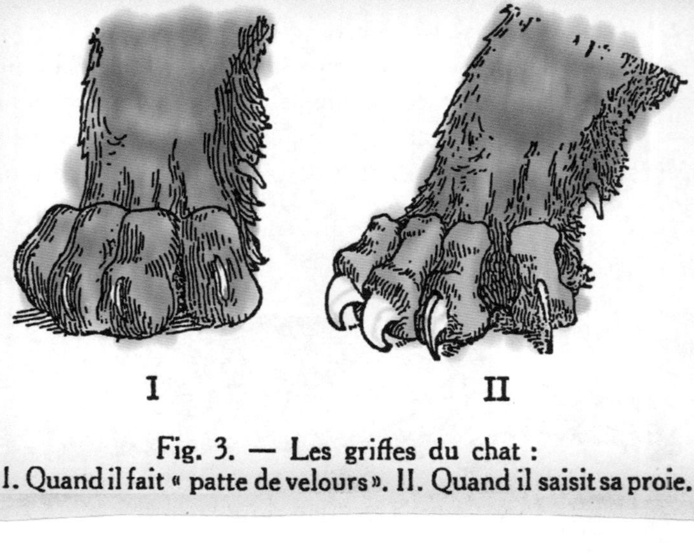

I

II

Fig. 3. — Les griffes du chat :
I. Quand il fait « patte de velours ». II. Quand il saisit sa proie.

3. Le chat capture sa proie.

La bête surprise ne peut s'échapper : elle est maintenue par les griffes que le chat lui a enfoncées dans la chair. Chaque doigt du chat est en effet armé d'une griffe aiguë, recourbée. Au repos et pendant la marche, ces griffes sont relevées par un ligament élastique et dissimulées dans la fourrure (*fig.* 3, I) ; elles sont *rétractiles* ; aussi ne s'émoussent-elles pas. Mais la contraction d'un muscle les rabat en avant comme des crochets pointus (fig. 3, II).

4. Le chat tue et mange sa proie.

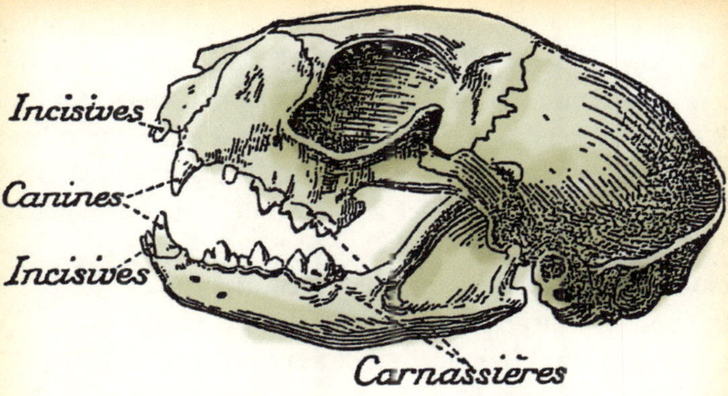

Fig. 4. — Crâne et mâchoires de chat.

Souvent, surtout s'il est jeune, le chat joue avec sa proie ; il la lâche, la pousse même de la patte pour la décider à marcher, puis bondit sur elle et la lacère de nouveau de ses griffes. Puis il la tue avec des dents spéciales, et cette mise à mort est rapide.

La mâchoire inférieure, courte et très forte, est actionnée par des muscles puissants qui donnent à la face large et courte du chat son aspect caractéristique. Chaque mâchoire (*fig.* 4) porte en avant six petites incisives. Les quatre canines sont énormes ; ce sont les *crocs*, longs, pointus, cannelés, que le chat enfonce dans les chairs de sa victime, profondément et à plusieurs reprises, jusqu'à ce que mort s'ensuive. Les molaires sont peu nombreuses : 8 en haut, 6 en bas ;

toutes sont coupantes. Les premières sont peu développées ; mais celles du fond de la bouche, les *carnassières*, sont très grosses. La mâchoire inférieure ne se déplaçant que de haut en bas, et non latéralement, les molaires coupent la viande en menues bandes, comme pourraient le faire les lames d'une paire de ciseaux.

Toute l'organisation du chat, souplesse du squelette, puissante musculature, finesse des sens, griffes, dentition, fait de lui un parfait chasseur et mangeur de chair : c'est un carnivore.

5. Les petits chats.

Les tout jeunes chats sont incapables d'absorber aucun aliment solide ; ils se nourrissent uniquement du *lait* qu'ils tettent aux *mamelles* de leur mère : aussi dit-on que le chat est un *mammifère*. La mère chatte a pour ses petits des soins incessants : elle les réchauffe, fait leur toilette, les protège. Plus tard, elle joue avec eux, puis elle les dresse à la chasse en leur apportant, encore vivantes, les proies qu'elle vient de capturer.

6. Des animaux qui ressemblent au chat.

Dans nos forêts vit encore le *chat sauvage* (*fig.* 5), plus grand que le chat domestique ; son pelage est gris, rayé de noir. Il se nourrit uniquement

Fig. 5. — Le chat sauvage.

de proies vivantes, qu'il chasse la nuit : rats, souris, écureuils, oiseaux, et aussi lièvres et lapins.

Dans les pays chauds vivent les grands fauves, qui présentent exactement la même organisation que le chat, et que leur force rend redoutables.

Fig. 6. — Le lion. (La lionne n'a pas de crinière.)

Le *lion* (*fig.* 6) vit en Afrique et en Asie. Son aspect majestueux, son air grave et réfléchi l'ont fait considérer comme « le roi des animaux ». Le mâle porte sur le front et les épaules une longue crinière. D'un coup de patte, il assomme un cheval ; d'un coup de dent, il broie la nuque d'un bœuf. En général, il n'attaque pas l'homme ; il est peu féroce et ne tue pas au-delà de sa faim.

Le *tigre* (*fig.* 7) vit en Asie ; il est aussi grand et aussi fort que le lion. Son beau pelage fauve est zébré de noir. Il grimpe aisément aux arbres et se tient à l'affût près des gués des rivières, où les bêtes viennent boire. Il tue même s'il n'a plus faim, et pénètre audacieusement dans les villages de l'Inde pour attaquer l'homme.

Fig. 7. — Le tigre.

La *panthère* (*fig.* 8) d'Asie et d'Afrique a une belle robe fauve parsemée de taches

Fig. 8. — La panthère.

noires. Moins grande que le tigre, elle est néanmoins très redoutable. Admirablement souple et agile, elle se tient le plus souvent sur les branches des arbres d'où elle s'abat sur les proies qui passent à sa portée.

RÉSUMÉ

☞ *Le chat est admirablement organisé pour chasser et manger des proies vivantes.*

☞ *Son corps est souple, ses muscles puissants, sa vue et son ouïe très fines.*

☞ *Ses doigts sont armés de griffes qu'il rentre ou sort à volonté.*

☞ *Ses canines, ou crocs, sont longues et pointues, ses molaires coupantes.*

☞ *Les jeunes chats se nourrissent de lait.*

☞ *Les grands fauves : lion, tigre, panthère, sont organisés comme le chat.*

EXERCICES D'OBSERVATION ET DE REFLEXION

– Observez un chat faisant sa toilette, guettant une souris ; une chatte allaitant ses petits ou les transportant.

– Voyez comment un chat marche dans un terrain parsemé de flaques d'eau.

– Que fait un chat quand il est menacé par un chien ?

– Voyez comment un chat lutte contre un chien, contre un autre chat. À quoi lui servent les griffes de ses pattes postérieures ?

– Observez les yeux d'un chat. Comparez-les à ceux d'un chien.

–Touchez un poil de la moustache d'un chat. Que remarquez-vous ?

– Quand dit-on d'un chat qu'il « fait ses griffes » ?

– Le chat s'attache-t-il à son maître ? ou à sa maison ?

Questionnaire

1. Pourquoi élève-t-on des chats ? – 2. Comment le chat découvre-t-il sa proie ? – 3. Comment la capture-t-il ? – 4. Décrivez les griffes du chat. – 5. Sa dentition. – 6. Pourquoi dit-on que c'est un carnivore ? – 7. Comment se nourrissent les jeunes chats ? – 8. Pourquoi dit-on que le chat est un mammifère ? – 9. Citez des animaux dont le corps est organisé comme celui du chat. – 10. Décrivez de petits carnivores nuisibles de nos pays.

12 Le chien

1. Caractères du chien.

> *Matériel*
>
> Crâne de chien ; gravures représentant des chiens de diverses races, un loup, un renard, un chacal, une hyène.

Plus encore que le chat, le chien (*fig. 1*) est un compagnon de l'homme. Il témoigne à son maître un dévouement sans bornes. Il est intelligent et on a pu, par l'éducation, développer en lui des qualités, des aptitudes particulières. Il sait, par son aboiement dont il varie les intonations, exprimer des sentiments variés.

Il est aisé à nourrir et il s'accommode fort bien de mets très divers : soupe aux légumes, pain, viande, etc. Cependant il arrive que certains chiens chassent pour leur propre compte, comme le font les chiens à l'état sauvage, et ils mangent immédiatement la proie qu'ils ont atteinte : le chien est un *carnivore*.

Fig. 1. — Le chien.

2. La chasse du chien.

Le chien possède une bonne vue, une ouïe très fine ; mais c'est surtout grâce à son odorat qu'il découvre sa proie. *Cet odorat est d'une extrême sensibilité* ; grâce a lui, le chien saisit dans l'air les émanations du gibier proche, qu'il atteint en quelques bonds, ou bien il recueille le « fumet », la piste que le gibier laisse sur le sol ; il poursuit alors la proie en suivant sa piste, et il finit souvent par la rejoindre, car il peut soutenir longtemps une course rapide ; les muscles de ses cuisses sont puissants et des pelotes élastiques, qui garnissent le dessous des doigts, protègent ceux-ci contre les frottements trop rudes du sol (*fig.* 2).

La proie atteinte est tuée à coups de dents, sans que les griffes interviennent : ces griffes, que le chien ne peut relever, sont émoussées par le contact du sol (*fig.* 2).

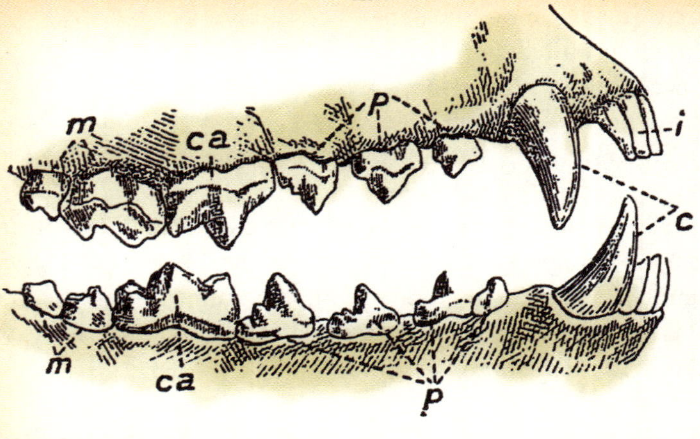

Fig. 3. — La dentition du chien : *i*, incisives; *c*, canines (crocs); *p*, petites molaires: *ca*, carnassières; *m*, molaires broyeuses.

3. La dentition du chien.

Les mâchoires du chien sont plus longues, et par suite moins fortes que celles du chat ; la dentition ressemble beaucoup à celle de ce dernier (*fig.* 3) ; si les crocs sont moins aigus, ils sont encore longs et redoutables ; en arrière des molaires coupantes se trouvent, sur chaque demi-mâchoire, deux molaires émoussées, broyeuses, avec lesquelles le chien brise les os.

Fig. 5. — Diverses races de chiens.

4. Les races de chiens.

On connaît plus de 200 races de chiens, qui diffèrent entre elles par la taille, la forme du corps et aussi les aptitudes.

a) Les chiens de chasse. – Les *chiens d'arrêt*, comme les braques (*fig.* 5), les épagneuls, s'arrêtent dès qu'ils ont découvert le gibier, pour permettre au chasseur de tirer, puis ils lui rapportent la pièce abattue. Les *chiens courants*, lévriers, bassets (*fig.* 5), que l'on emploie souvent en meutes, poursuivent le gibier jusqu'à ce qu'il passe à un poste où le chasseur peut le tirer.

b) Les chiens de garde. – Leur ouïe et leur odorat les avertissent de l'approche d'étrangers ; ils préviennent alors leur maître par leurs aboiements, ou bien ils menacent l'étranger de leurs crocs et même le mordent, s'ils sont assez forts.

c) Les chiens de berger. – Leur aspect est généralement modeste (*fig.* 5), mais ce sont des bêtes intelligentes, sobres. Ils savent conduire un troupeau sur les routes, sans égarer de traînards ; dans les champs, ils ne permettent pas au bétail sous leur garde de dépasser les limites du pâturage.

d) Les chiens de trait. – En Flandre, en Belgique, en Hollande, on attelle souvent les chiens à de petites voitures à deux roues (*fig.* 4). Dans les pays glacés du nord, les traîneaux à chiens, lourdement chargés, sont le principal moyen de transport.

e) Les chiens sauveteurs. – Tous les chiens savent nager, mais les chiens de Terre-Neuve (*fig.* 5), dont les doigts sont réunis par une membrane comme celle des pattes de canard, sont remarquables par la facilité et la rapidité de leur nage ; on les dresse à porter secours aux personnes en danger de se noyer.

f) Les chiens de luxe. – On ne leur demande que d'être agréables ou curieux à regarder (*fig.* 5 : fox), si bien que le choix de la race est souvent une question de mode ; ces bêtes sont élevées avec des soins méticuleux, parfois un peu ridicules.

5. Les jeunes chiens.

Comme les petits chats, *les jeunes chiens tettent le lait de leur mère*. Celle-ci leur donne les soins les plus attentifs. Elle ne les abandonne qu'après plusieurs mois, alors qu'ils sont déjà robustes.

Fig. 6. — Le loup.

6. Des animaux qui ressemblent au chien.

Le loup (*fig.* 6) ressemble à un grand chien au museau pointu, à la queue tombante. Il mange à peu près tout ce qu'il trouve, mais s'attaque particulièrement au gibier ; il décimait autrefois nos troupeaux de moutons ; énergiquement chassé, il a disparu de nos pays et on ne le rencontre guère que dans l'Europe orientale.

Le renard (*fig.* 7), plus petit, a une tête large, un museau effilé, des yeux brillants, une queue touffue. Son pelage abondant, d'un roux jaunâtre, donne une fourrure recherchée. Il vit dans un terrier qu'il creuse lui-même, ou dont il expulse lapin ou blaireau. De là il étend ses rapines sur la campagne environnante : il saccage les bassecours, chasse le gibier, pille les ruches. Il est très rusé, évente la plupart des pièges, échappe aux chiens par la rapidité de sa course.

En Afrique vivent *le chacal*, qui suit les grands fauves

Fig. 7. — Le renard.

pour manger les restes de leurs repas, et l'*hyène* (*fig. 8*), qui se nourrit de chairs corrompues.

RÉSUMÉ

☞ *Le chien est un carnivore dont l'organisation est moins parfaite que celle du chat ; ses griffes sont émoussées, ses mâchoires longues. Il possède des molaires broyeuses.*

☞ *De nombreuses races de chiens sont employées à la chasse, à la garde des troupeaux et des maisons.*

☞ *Les jeunes chiens se nourrissent de lait.*

☞ *Le loup, le renard, le chacal, l'hyène ressemblent au chien.*

EXERCICES D'OBSERVATION ET DE REFLEXION

– Comparez la propreté du pelage d'un chien et de celui d'un chat.

– Pourquoi est-il malpropre et dangereux de se laisser lécher les mains et la figure par un chien ?

– Voyez comment le chien tient dans sa gueule l'os qu'il cherche à briser.

– Apprenez à distinguer la race à laquelle appartiennent divers chiens, d'après leur taille, la couleur de leur pelage, la forme de leur tête, de leurs oreilles, etc.

Questionnaire

1. Montrez que le chien est un carnivore. – 2. Comment le chien découvre-t-il sa proie ? – 3. Comment la chasse-t-il ? – 4. Décrivez la dentition du chien. – 5. Quelles sont les principales races de chiens ? – 6. A quoi emploie-t-on le chien ? – 7. Que savez-vous du loup ? du renard ? du chacal ? de l'hyène ?

13 Le Lapin

Le lapin est un des animaux les plus communs dans nos pays. Il n'est guère de maisons, à la campagne, où l'on n'en élève. Il vit à l'état sauvage dans toutes les régions de France. Le lapin sauvage ressemble beaucoup au lapin domestique, mais il est plus petit : on le nomme *lapin de garenne.*

Matériel

On observera un lapin vivant, un lapin écorché, la tête d'un lapin cuit ; si possible, un écureuil en cage, une souris en cage.

1. Le corps du lapin.

Le corps allongé du lapin (*fig. 1*) est protégé par une épaisse fourrure, formée d'un poil long et luisant, gris brun sur le dos, blanc sous le ventre et sous la queue qui est très courte et relevée.

Sa tête ronde est coiffée d'une paire de longues oreilles très mobiles ; ses yeux sont bombés, peu expressifs ; son museau arrondi est orné de moustaches ; sa lèvre supérieure est fendue jusqu'au nez qu'il fronce souvent. Les pattes de devant, assez courtes, ont cinq doigts, garnis de griffes fortes et émoussées : c'est avec elles que le lapin sauvage creuse son terrier, qu'il déterre carottes et betteraves.

Fig. 1. — Le lapin de garenne.

Les pattes de derrière n'ont que quatre doigts ; elles sont plus longues et plus fortes que celles de devant ; repliées quand le lapin est au repos, elles peuvent se détendre comme des ressorts et faire

faire à l'animal des bonds énormes : le lapin ne marche pas, il se déplace par une série de sauts qui peuvent atteindre 30 centimètres, le *rat ordinaire*, un peu plus petit, qui vit surtout dans les greniers, la souris, plus petite encore, qui se cache dans les placards, sous les planchers, dans les trous des vieux murs, le *mulot*, gris sur le dos et blanc sous le ventre, qui vit dans les champs où il commet de grands dégâts, ainsi que le *campagnol* (*fig. 4*) qui coupe le chaume des blés et dévore l'épi.

RÉSUMÉ

☞ *Le lapin sauvage vit dans des terriers qu'il creuse dans le sol.*

☞ *Il se nourrit d'herbes, de feuillages et de racines, dont il détache des fragments avec ses incisives fortes et tranchantes.*

☞ *Avec ses molaires qui agissent comme des limes, il râpe finement sa nourriture : c'est un rongeur.*

☞ *On chasse le lapin sauvage, on élève le lapin domestique pour leur chair et leur fourrure.*

☞ *Le lièvre et l'écureuil sont également des rongeurs, ainsi que les rats, extrêmement nuisibles.*

EXERCICES D'OBSERVATION ET DE REFLEXION

– *Observez un lapin qui mange : le voyez-vous ouvrir la bouche ?*
– *Le lapin boit-il ?*
– *Observez la façon dont marche un lapin. Comparez à la démarche du chat ou du chien.*
– *Sans toucher aux jeunes lapins, observez le « nid » dans lequel la mère les abrite.*
– *Dans un clapier, observez les mouvements des oreilles d'un lapin.*
– *De la tête d'un lapin qu'on a fait cuire, retirez la mâchoire inferieure, arrachez les incisives : voyez leur forme, leur longueur ; observez les plis des molaires.*
– *Observez si possible un écureuil en cage ; voyez comment il casse et mange une noisette.*
– *Quels moyens de destruction emploie-t-on contre les rats ?*

Questionnaire

1. Que remarque-t-on en observant une tête de lapin ? – 2. Quelles différences y a-t-il entre les pattes de devant et les pattes de derrière du lapin ? – 3. Où et comment vivent les lapins sauvages ? – 4. Quelles sortes de dents possèdent-ils ? – 5. Pourquoi les nomme-t-on des rongeurs ? – 6. Pourquoi le lapin est-il nuisible ? – 7. Quels produits utiles fournit-il ? – 8. En quoi le lièvre diffère-t-il du lapin ? – 9. Que savez-vous de l'écureuil ? –10. Citez diverses espèces de rats. – 11. Pourquoi les rats sont-ils très nuisibles ?

14 Le cheval

1. Le corps du cheval.

Matériel

Si possible, squelette de la tête et du pied d'un cheval ; gravures représentant un cheval de selle, un cheval de trait léger, un cheval de gros trait, un âne, un mulet, un zèbre, un rhinocéros, un éléphant.

Malgré les progrès de l'automobilisme, qui font qu'on élève beaucoup moins de chevaux qu'autrefois, le cheval rend encore beaucoup de services, grâce à sa force et à la rapidité de sa course. Peu d'animaux ont le corps aussi bien proportionné que le sien (*fig. 1*). Sa tête longue, fine, aux grands yeux expressifs, aux oreilles très mobiles, est portée par un cou puissant et flexible. Son poitrail large, sa croupe arrondie dénotent la force de ses muscles.

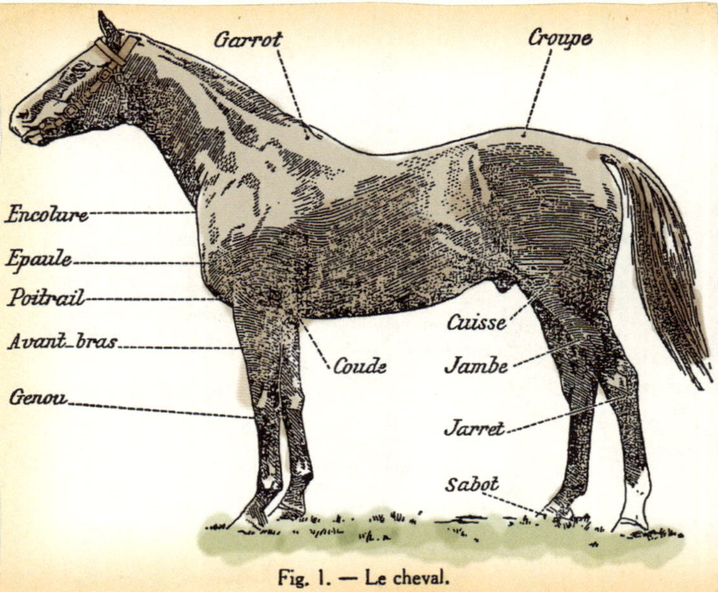

Fig. 1. — Le cheval.

Son pelage est de couleur très variable ; il est formé de poils fins, brillants, courts, sauf sur le front, sur le cou qu'ils garnissent d'une belle crinière, et à la queue.

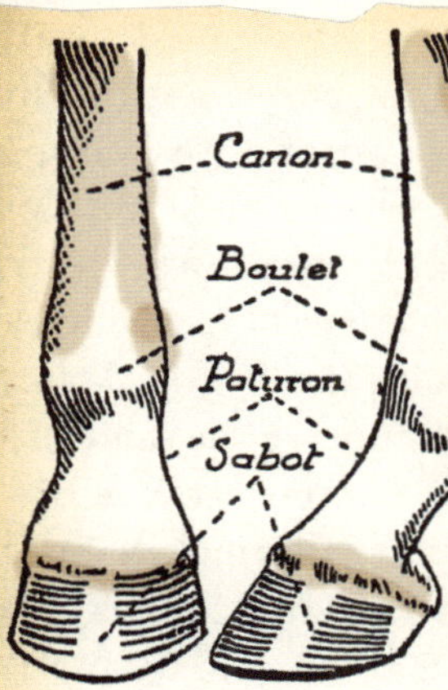

Fig. 2. — Le pied du cheval, vu de face et vu de profil.

Fig. 3. — Squelette du pied du cheval.

2. Le cheval est un bon coureur.

Chaque patte du cheval pose sur le sol par une large surface dure, cornée, le sabot (*fig.* 2). Ce sabot entoure l'os de la dernière phalange d'un doigt. Le cheval n'a donc qu'un seul doigt à chaque membre, et il marche sur l'extrémité de ce doigt.

Dans la partie du membre qui correspond à la paume de notre main ou à la plante de notre pied, le cheval n'a qu'un os robuste (*fig.* 3) dressé verticalement, si bien que le poignet ou le talon (que l'on appelle à tort genou ou jarret) se trouve à mi-distance entre le sol et le corps du cheval.

Cette disposition allonge considérablement les membres du cheval et lui permet de faire des pas très longs ; de plus, le fait de n'avoir qu'un doigt, reposant sur le sol par une large surface, lui donne une sûreté de marche plus grande qu'avec des doigts multiples. Aussi le cheval est-il un coureur remarquable : les chevaux de course dépassent couramment la vitesse de 60 kilomètres à l'heure, et la plupart des chevaux peuvent conserver fort longtemps l'allure du trot.

3. La nourriture du cheval.

Le cheval ne mange que des matières végétales : herbe fraîche ou foin, paille, grains, surtout avoine : c'est un *herbivore*. Les canines, qui

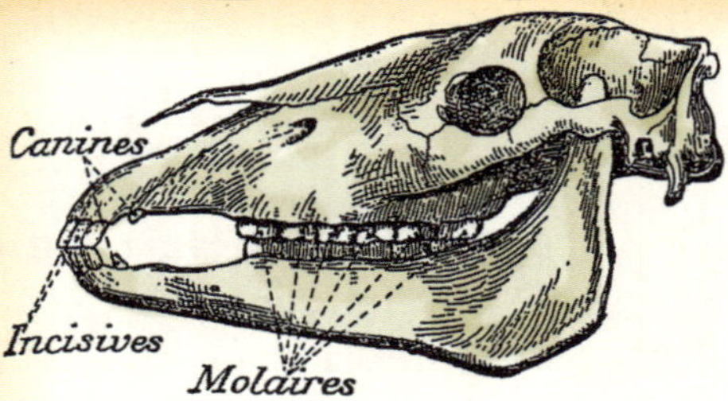

Fig. 4.
Crâne et dentition du cheval.

ne lui sont pas utiles, sont très petites, et ont même disparu chez la jument. Chaque mâchoire (*fig.* 4) porte 6 incisives et 12 molaires. Les incisives tranchantes coupent l'herbe ou le foin ; elles s'usent peu à peu, et cette usure fait apparaître à leur surface des dessins (*fig.* 5) dont la forme permet de reconnaître l'âge de l'animal. Un large espace vide, nommé barre, sépare les incisives ou les canines des molaires ; c'est là qu'on loge les *mors* qui, rattaché aux guides, permet de conduire l'animal. Les molaires sont plates, mais leur surface présente des replis d'émail qui, grâce aux mouvements latéraux de la mâchoire inférieure, triturent l'herbe et la réduisent en bouillie.

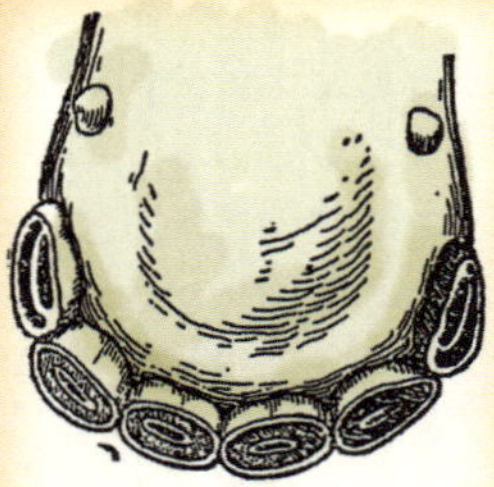
Fig. 5. — Les incisives d'un cheval de 5 ans.

Les tout jeunes chevaux se nourrissent uniquement du lait des mamelles de leur mère : le cheval est un *mammifère.*

4. Les races de chevaux.

Elles sont nombreuses, mais peuvent être groupées en trois grandes catégories.

Les chevaux arabes, anglais, au corps fin, à la course rapide, sont des *chevaux de selle* ; de moins en moins utilisés chez nous, ils rendent de grands services dans les pays où les routes sont encore peu nombreuses.

Les chevaux anglo-normands, les percherons sont moins rapides mais attelés à une voiture légère, ils peuvent la tirer d'un trot soutenu ce sont des chevaux de *trait léger*.

Les boulonnais ont le corps trapu ; ils ne quittent presque jamais l'allure du pas, mais ils peuvent trainer de lourdes charges ; ils sont précieux pour effectuer les gros charrois et les travaux agricoles : ce sont des *chevaux de gros trait.*

5. Les soins aux chevaux.

Le cheval doit être nourri abondamment, logé dans une écurie vaste, bien aérée, très proprement tenue. Il lui faut des soins quotidiens de propreté : on le brosse, on l'étrille, on le baigne. Il faut éviter de le laisser exposé au froid, surtout après une course, ou de lui faire boire de l'eau trop froide.

RÉSUMÉ

☞ *Le cheval est un coureur remarquable. Chacun de ses membres se termine par un seul doigt, et se pose sur le sol par l'extrémité de ce doigt, que protège un sabot corné.*

☞ *Le cheval se nourrit surtout d'herbe qu'il coupe avec ses incisives et qu'il triture avec ses molaires.*

☞ *On distingue des chevaux de selle, de trait léger, de gros trait.*

☞ *On rapproche du cheval l'âne et le mulet, le zèbre, le rhinocéros et l'éléphant.*

EXERCICES D'OBSERVATION ET DE REFLEXION

– À quoi avez-vous vu utiliser les crins des chevaux ?
– Distinguez les diverses allures du cheval : le pas, le trot, le galop.
– On dit qu'un cheval a « pris le mors aux dents ». Que signifie cette expression ?
– Comment le cheval peut-il se défendre contre des personnes ou des animaux qui lui font du mal ?
– Dans une écurie bien disposée, voyez comment est assurée l'aération, comment chaque cheval est isolé, comment la nourriture lui est présentée.
– Voyez de quoi se compose le harnachement d'un cheval.
– Comment le maréchal ferre-t-il le cheval ? Quelle utilité présente cette opération ?
– Comment tient-on la main quand on présente un morceau de pain ou de sucre à un cheval ? Pourquoi ?

Questionnaire

1. Décrivez le corps du cheval. – 2. Comment est constitué le squelette de chaque membre du cheval ? – 3. De quoi se nourrit le cheval ? – 4. Décrivez sa dentition. – 5. Quelles sont les principales races de chevaux ? – 6. Que savez-vous de l'âne ? Du mulet ? Du zèbre ? Du rhinocéros ? De l'éléphant ?

15 Le porc

1. Le corps du porc.

> *Matériel*
>
> Gravures représentant des porcs de diverses races ; un sabot de porc.

Le porc (*fig.* I) a un corps massif, que l'engraissement rend énorme. La peau, rose, marbrée de larges taches noires chez les porcs de certaines races, porte des poils raides et peu fournis, qu'on nomme des *soies*.

La tête, ou *hure*, prolonge le corps sans en être séparée par le cou ; recouverte sur les côtés par deux larges oreilles, elle se termine par une sorte de disque plat, très mobile, le *groin*, avec lequel le porc fouille la terre. Dans le groin s'ouvrent les narines : le porc a un odorat très fin et flaire tout ce qu'il rencontre. Au-dessous du groin se trouve la bouche.

2. Les pattes du porc.

Le corps du porc est porté sur quatre pattes courtes et minces, mais très robustes.

Fig. I. — Le porc.

Comme le cheval, le porc a les doigts protégés par des sabots de corne. Il a quatre doigts à chaque pied, mais deux seulement posent à terre ; les deux autres, plus petits, sont rejetés sur les côtés et ne touchent pas le sol.

3. L'alimentation du porc. Sa dentition.

Le porc est extrêmement vorace. On le nourrit avec une abondante pâtée, faite de pommes de terre cuites et écrasées, de son, de déchets de cuisine et de laiterie, le tout accommodé à l'eau de vaisselle. Mais, quand il vague en liberté, le porc mange également de l'herbe, des racines, et même les débris de viande qu'il rencontre : aucun animal n'est moins difficile quant au choix de sa nourriture.

Sa dentition convient bien pour une alimentation si variée : il possède des *incisives* petites et tranchantes, des canines fortes et recourbées, des *molaires* à mamelons arrondis qui lui permettent de broyer racines et tubercules.

4. L'utilité du porc.

Le porc transforme rapidement en viande et en graisse la nourriture qu'il consomme gloutonnement : un porc de dix mois pèse couramment de 150 à 200 kilogrammes. La chair et le lard du porc sont consommés frais, salés ou fumés ; ils fournissent les jambons, les saucissons, les saucisses et les multiples pâtés et préparations diverses que fabriquent les charcutiers. Du lard, on retire une graisse très fine, nommée *saindoux*. Les boudins sont faits avec le sang du porc. Sa peau fournit un cuir estimé et l'on fabrique des brosses avec ses soies. Aucune partie de l'animal ne reste inutilisée.

La chair du porc est très nourrissante, mais de digestion assez difficile ; si on la mange insuffisamment cuite, elle peut transmettre le germe du ver solitaire.

Fig. 2. — Le sanglier.

5. Le sanglier.

Dans nos forêts, vit une sorte de porc sauvage, le *sanglier* (*fig.* 2). Son corps est recouvert de soies raides et épaisses, plus longues sur le dos où elles forment une crinière qui se hérisse quand l'animal est furieux. Ses canines, très longues et recourbées vers le haut, forment des *défenses* (*fig.* 3), armes redoutables avec lesquelles le sanglier frappe ses agresseurs, de côté ou de bas en haut, dans les jambes, dans le ventre.

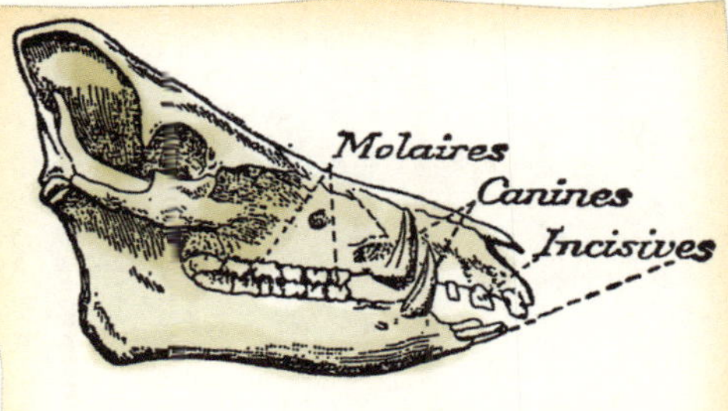

Fig. 3. — Les dents du sanglier.

Le sanglier vit dans les bois humides ; le jour, il reste caché dans sa *bauge*, retraite fangeuse qu'il se choisit dans les fourrés les plus épais et les plus sombres ; il en sort la nuit pour chercher sa nourriture : il mange des glands, des châtaignes, des champignons, et même des cadavres d'oiseaux, des rats, de taupes ; mais il est surtout friand de racines et de tubercules : il déterre carottes et pommes de terre, déracine les vignes, dévore les maïs, se roule dans les blés. Il commet ainsi de grands dégâts dans les cultures.

Fig. 4. — L'hippopotame.

6. L'hippopotame.

Parmi les animaux qui ressemblent au porc, signalons, à titre de curiosité, *l'hippopotame* (*fig.* 4), qui vit dans les fleuves et marécages de l'Afrique centrale. C'est le plus massif des animaux vivant sur terre : il pèse jusqu'à 3000 kilogrammes. Son corps énorme est porté sur des pattes si courtes que son ventre touche presque le sol. Sa tête volumineuse se termine par un mufle très large à grosse lèvre pendante. On le chasse pour ses dents : ses canines, longues de 60 à 80 centimètres, fournissent un ivoire très blanc ; avec sa peau très épaisse, les indigènes font des boucliers.

Questionnaire

1. Décrivez le corps du porc. – 2. Décrivez ses pattes. – 3. De quoi se nourrit le porc ? – 4. Quelles sortes de dents possède-t-il ? – 5. Quels produits utiles fournit le porc ? – 6. Pourquoi la viande de porc doit-elle être consommée très cuite ? – 7. Quelles différences y a-t-il entre le porc et le sanglier ? – 8. Pourquoi le sanglier est-il nuisible ? – 9. Que savez-vous de l'hippopotame ?

RÉSUMÉ

☞ *Le porc a le corps massif ; sa tête, ou hure, se termine par un groin plat avec lequel l'animal fouille la terre.*

☞ *Les pattes, courtes et fortes, se terminent par quatre doigts recouverts de sabots cornés.*

☞ *Le porc se nourrit de légumes, de racines, de son, de tous les déchets de la laiterie et de la cuisine.*

☞ *Il fournit de la viande, du lard, de la graisse ; toutes les parties de son corps sont utilisées.*

☞ *Le sanglier commet de grands dégâts dans les cultures. Ses canines recourbées ou défenses, constituent des armes redoutables.*

EXERCICES D'OBSERVATION ET DE REFLEXION

– Qu'appelle-t-on cochons de lait ? Pourquoi les nomme-t-on ainsi ?
– Comment est le sol d'un enclos ou on laisse entrer et séjourner les porcs ?
– Pourquoi les porcs fouillent-ils le sol ?
– Combien de temps dure l'engraissement d'un porc ?
– Qu'appelle-t-on, dans beaucoup de campagnes, la « fête du cochon » ?
– Comment prépare-t-on le saindoux ?
– Que fait-on des intestins du porc ?
– Comment conserve-t-on la viande de porc ?
– Qu'est-ce qu'un porc ladre ?

16 La vache

1. Les services que rend la vache.

De tous les animaux domestiques, la vache est certainement celui qui nous rend le plus de services. Elle nous fournit son lait et souvent, attelée à une charrette ou à la charrue, elle travaille pour le cultivateur. Morte, on utilise sa chair qui est l'une des meilleures viandes de boucherie, sa peau dont on fait un cuir résistant, ses os, ses cornes avec lesquelles on fabrique divers bibelots.

Matériel

Si possible, corne, squelette du crâne et du pied d'une vache ; objets en corne ; de la laine ; gravures représentant l'estomac de la vache, une chèvre, un mouton, une antilope, un cerf, un renne, un chameau, une girafe.

2. Son corps (*fig.* I).

La tête au front large, plat, est portée par un cou puissant sous lequel

Fig. 1. — La vache

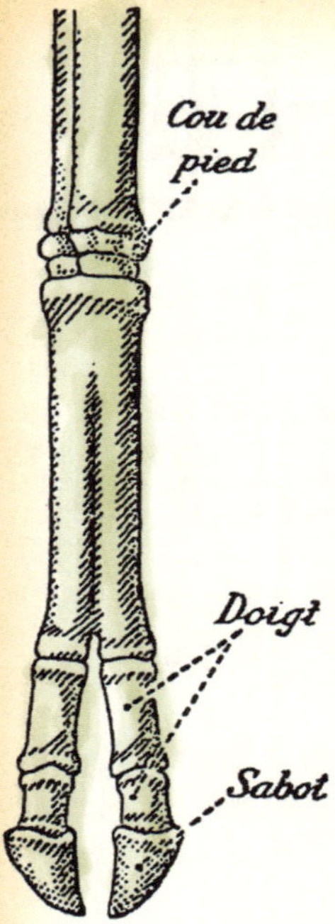

Fig. 2. — Les os du pied de la vache.

s'étend un large repli de la peau, le *fanon*. Le corps est lourd, le ventre très gros. La queue, longue, porte à son extrémité une touffe de poils. Le pelage, forme de poils raides, est de couleur variée, mais le plus souvent roux, ou blanc taché de noir.

3. Ses membres.

En troupeau, les vaches marchent lentement, lourdement. Mais que l'une d'elles soit effrayée, elle s'enfuit au galop, franchissant d'un bond fossés et basses clôtures. Le mâle, ou *taureau*, fonce souvent tête basse, en droite ligne, sur une personne ou un chien qu'il veut attaquer, et sa course est alors rapide. Les membres de la vache, en effet, sont disposés pour la course. Chacun de ces membres (*fig.* 2) se termine par deux doigts dont la dernière phalange est coiffée d'un sabot corné, et c'est par l'extrémité de ces doigts que le pied touche le sol. Comme chez le cheval, le pied est relevé, la paume ou la plante est formée par un seul os, sur lequel s'articulent les doigts.

4. Ses armes.

La vache possède deux cornes qui sont des armes redoutables, dont elle ne se sert guère pourtant, car elle est d'un caractère doux et pacifique, mais qui rendent dangereux le taureau, beaucoup plus irritable.

Une corne (*fig.* 3) est formée d'un étui d'une matière dure,

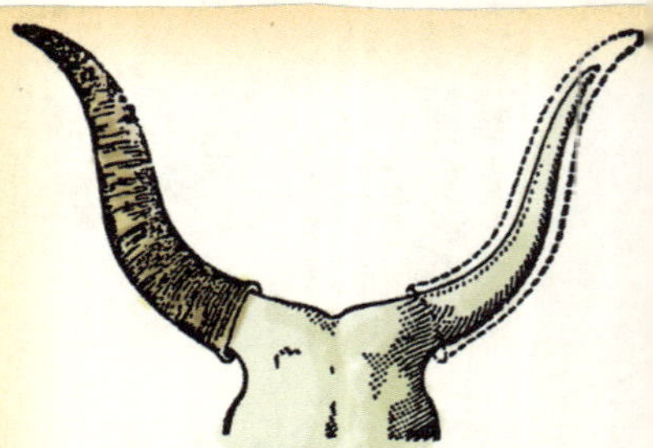
Fig. 3. — Les cornes de la vache. (A droite, on voit l'os dans l'intérieur de la corne.)

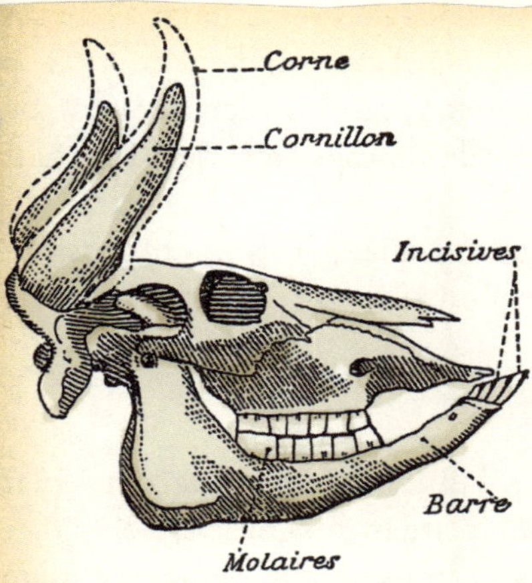

Fig. 4. — La dentition de la vache.

appelée précisément corne, emboîté solidement sur un prolongement de l'os du front. C'est sur les cornes que le cultivateur fixe avec des lanières le joug auquel il attelle le timon de la charrette.

5. Sa nourriture.

La vache ne mange que des produits végétaux : herbe ou foin, feuillage, carottes, betteraves. Elle en avale d'énormes quantités, et son appareil digestif possède une organisation très particulière.

Sa mâchoire inférieure (*fig. 4*) porte des incisives coupantes ; en face, la mâchoire supérieure présente un bourrelet dur, sans dents. La vache serre entre ses incisives et ce bourrelet l'herbe qu'elle a saisie avec sa langue, la casse et l'avale sans la mâcher : Les molaires larges, plates, garnies de replis d'email, que portent les deux mâchoires, ne sont pas utilisés à ce moment. La grosse bouchée d'herbe avalée distend les parois de l'œsophage et pénètre par une ouverture (*fig. 5*) dans une vaste poche, la panse, qui sert surtout à emmagasiner la nourriture. Quand la panse est pleine, la vache se couche à l'ombre ou rentre à l'étable ; les muscles de la panse se contractent et font remonter l'herbe, bouchée par bouchée, d'abord dans le *bonnet*,

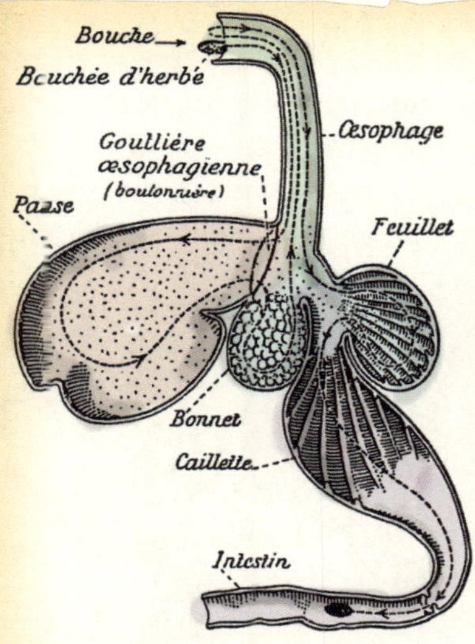

Fig. 5. — L'estomac de la vache.
(Les flèches indiquent le trajet de l'herbe.)

puis dans la bouche où la vache la mâche longuement entre ses molaires, la mâchoire inférieure se déplaçant latéralement. Avalée à nouveau, l'herbe mâchée arrive dans le *feuillet*, puis dans la *caillette* où elle est imprégnée de suc digestif ; elle s'engage enfin dans l'intestin, très long.

Cette façon de manger, au cours de laquelle les aliments passent deux fois dans la bouche, est la rumination : on dit que la vache est un *ruminant*.

6. Le lait.

La vache possède une mamelle volumineuse, ou pis, terminée par quatre trayons. Le lait que produit cette mamelle est la nourriture des jeunes veaux. Il constitue pour nous un aliment de première importance. Il est le seul aliment des bébés élevés au biberon, et de certains malades ; on l'emploie en cuisine et à la préparation de nombreux plats.

Abandonné à lui-même, il se recouvre d'une épaisse couche grasse de *crème*, avec laquelle on fabrique le *beurre*. Quand on ajoute au lait frais un peu de présure, préparée avec la caillette des jeunes veaux, ce lait se caille : il se prend en une masse solide, le *fromage blanc*, qui donne, selon la façon dont il est traité, l'une des nombreuses variétés de *fromages*.

La quantité de lait fournie par une vache est très variable ; les bêtes de certaines races laitières en donnent une vingtaine de litres par jour.

Fig. 6. — Le mouton (bélier mérinos).

7. D'autres animaux qui ruminent.

La *chèvre* est élevée un peu partout en France, mais surtout dans les régions montagneuses ; elle aime à grimper et se plaît dans les lieux rocailleux. Son lait excellent sert le plus souvent à la préparation de fromages.

Fig. 7. — Le cerf.

Dans les plaines chaudes d'Afrique et d'Asie vivent les *antilopes*, sortes de chèvres sauvages aux cornes pointues, remarquables par leur grâce et la rapidité de leur course ; elles sont un excellent gibier.

Le *mouton* (*fig.* 6) peut vivre dans des herbages maigres, dans les chaumes. Sa toison, composée de poils longs fins et moelleux, donne la laine avec laquelle on fabrique de chauds tissus. Sa chair est très nourrissante et très saine ; sa peau donne un cuir fin et souple.

Dans nos forêts vit le *cerf* (*fig.* 7) dont les cornes ramifiées, ou bois, tombent chaque année pour repousser après quelques mois.

Les habitants des pays froids du Nord élèvent des troupeaux de *rennes* (*fig.* 8) qui leur rendent des services comparables à ceux que nous rend la vache.

Fig. 8. — Le renne.

Dans les pays chauds et désertiques, où l'eau et l'herbe sont rares, le *chameau* est une précieuse bête de somme. Il a sur le dos une ou deux bosses garnies d'une graisse grâce à laquelle il peut se contenter pendant plusieurs jours d'une nourriture très réduite ; la paroi de sa panse s'imprègne d'une grande quantité d'eau, si bien qu'il peut rester longtemps sans boire ; il supporte ainsi aisément la fatigue

de longs voyages à travers le désert.
La *girafe*, qui vit en Afrique, est un curieux animal, aux petites cornes couvertes de peau, au long cou peu flexible ; elle se nourrit surtout des feuilles des arbres.

RÉSUMÉ

☞ *La vache est le plus utile de nos animaux domestiques.*

☞ *Chacun de ses membres se termine par deux doigts dont l'extrémité est garnie de sabots cornés sur lesquels elle marche.*

☞ *Elle peut se défendre avec ses cornes.*

☞ *L'herbe qu'elle mange est emmagasinée dans la panse, puis revient dans la bouche pour être mâchée : la vache rumine.*

☞ *Le lait de la vache est un excellent aliment avec lequel on fait aussi le beurre et le fromage.*

☞ *La chèvre, le mouton, le cerf, le chameau sont des mammifères ruminants.*

EXERCICES D'OBSERVATION ET DE REFLEXION

– Voyez comment on conduit un attelage de vaches ou de bœufs ; comparez avec la façon dont on guide un cheval.
– Dans une ferme où les vaches sont bien tenues, voyez les soins de propreté qu'on leur donne.
– Voyez comment on prépare la nourriture qu'on donne aux vaches à l'étable : paille, betteraves, etc.
– Visitez une laiterie bien tenue ; observez les soins qu'on prend pour assurer la conservation du lait ; voyez la façon de fabriquer le beurre, le fromage.
– Comparez la saveur du lait de vache avec celle du lait de chèvre.
– Comment procède-t-on pour tondre les moutons ?

Questionnaire

1. Quels services nous rend la vache ? – 2. Décrivez le squelette d'un membre de la vache. – 3.Comment la vache peut-elle se défendre ? – 4. Décrivez la dentition de la vache. – 5. Quelle particularité présente l'estomac de la vache ? – 6. A quoi sert le lait de la vache ? – 7. Que savez-vous sur la chèvre ? L'antilope ? Le mouton ? Le cerf ? Le renne ? Le chameau ? La girafe ?

17 LE COQ ET LA POULE

> *Matériel*
>
> Une poule ou un coq vivant, un poulet tué ; des plumes de coq ; un œuf cru ; un œuf cuit dur.

1. Ce qui distingue les oiseaux.

Alors que tous les animaux que nous avons observés jusqu'à présent ont le corps couvert de poils, marchent sur quatre pattes et allaitent leurs petits, le coq et la poule, comme tous les oiseaux, sont couverts de plumes ; ils ont deux pattes et deux ailes : ils marchent et ils volent ; la poule pond des œufs d'où naissent les poussins.

2. Le plumage du coq et de la poule.

Le coq (*fig. 1*) a un plumage magnifique ; parfois d'un blanc pur, sur lequel tranche le rouge, vif de la crête et des barbillons. Ce plumage est, le plus souvent, brillamment coloré, surtout au cou et aux ailes ; la queue est formée de longues plumes aux reflets changeants, dont plusieurs se recourbent en arc.

Fig. 1. — Un coq.

Le plumage de la poule est plus terne que celui du coq ; sa couleur varie suivant les espèces, qu'il est ainsi facile de reconnaître.

3. Les diverses sortes de plumes.

Le corps du coq ou de la

Fig. 2. — Une plume de couverture.

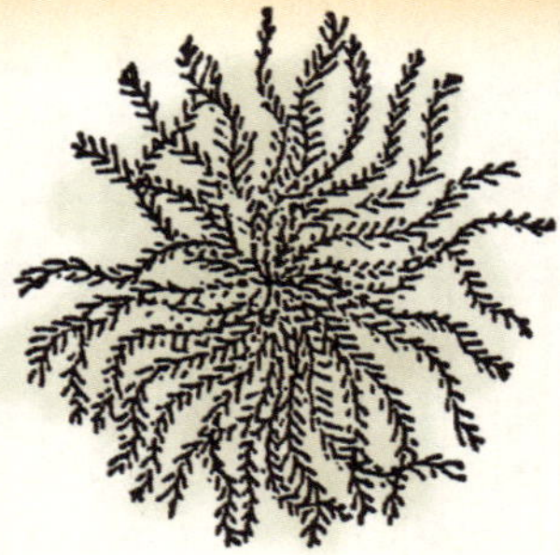

Fig. 3. Un brin de duvet.

poule est tout entier recouvert de plumes molles, douces et chaudes au toucher, qui constituent à l'oiseau un épais vêtement : ce sont les *plumes de couverture* (*fig.* 2). Chacune est formée d'une tige mince portant des sortes de poils, les *barbes*, ébouriffées à la base, réunies en une sorte de feuille mince à l'extrémité supérieure.

Après qu'on a enlevé ces plumes sur un poulet qui vient d'être tué, il reste encore sur tout le corps de petites plumes, très fines, tout ébouriffées en filaments irréguliers : C'est le *duvet* (*fig.* 3), sorte de doublure ouatée du vêtement de plumes.

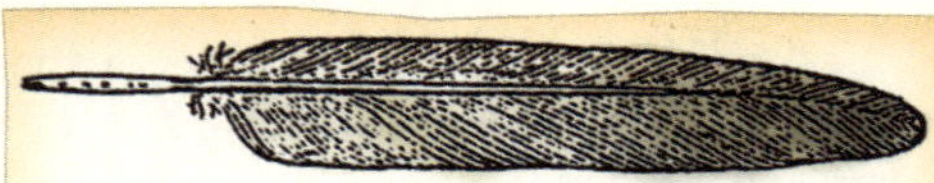

Fig. 4. — Une plume de l'aile.

Les plumes de la queue et des ailes sont bien différentes. Longues et fortes, elles ont la forme de palettes légèrement courbés (*fig.* 4) : un *tuyau* creux se prolonge par une tige pleine qui porte les barbes : celles-ci sont serrées et accrochées les unes aux autres de façon à former une lame unie, à la fois souple et résistante : ce sont *les plumes du vol.*

4. Les ailes.

En ouvrant l'aile d'une poule, on voit que les grandes plumes sont

Fig. 5. — L'aile d'une poule s'ouvre comme un éventail.

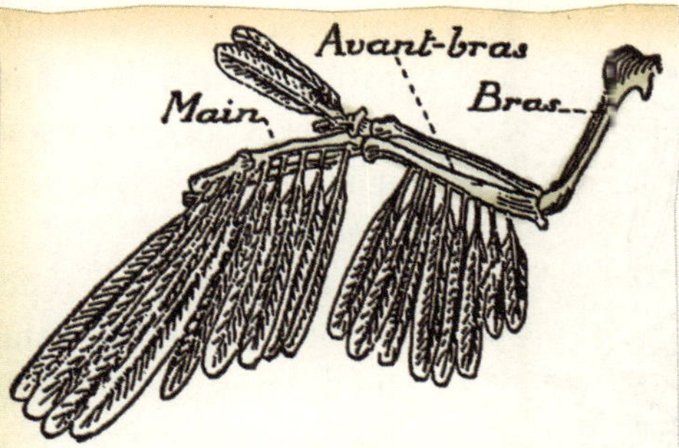

Fig. 6.
Squelette et plumes de l'aile.

disposées comme les lames d'un éventail (*fig.* 5). Elles sont fixées dans la peau qui recouvre les os de l'aile ; ces os sont disposés comme ceux de notre bras : on y distingue facilement l'os du bras et les deux os de l'avant-bras, à la place de la main se trouve deux os représentant deux doigts très allongés qui seraient réunis sous la peau (*fig.* 6). Les ailes de la poule correspondent donc à nos bras et aux membres antérieurs des mammifères. Chaque aile étendue, plumes écartées, ressemble à une rame large, légèrement creuse en dessous.

5. Comment vole la poule.

Au moment de prendre son vol, la poule fléchit sur ses pattes pour prendre son élan ; puis elle saute dans l'air, en ouvrant les ailes. De même que des rames prennent appui sur l'eau pour que l'effort du rameur fasse avancer la barque, les ailes prennent appui sur l'air pour que le corps de la poule puisse se soulever et avancer. Elles se relèvent ensuite, puis s'abaissent de nouveau, fournissant au corps un second point d'appui, et ainsi de

Fig. 7. — Positions successives des ailes dans le vol d'un héron.

suite : c'est de cette façon que volent tous les oiseaux (*fig. 7*).

Ce qui soulève et fait avancer le corps sur le support formé par les ailes, ce sont des muscles très puissants : ils constituent le *filet ou blanc de volaille* que l'on détache en tirant sur l'aile désarticulée d'un poulet ; par leurs tendons, ils s'attachent d'une part sur les os de l'aile, d'autre part, en avant de la poitrine, sur une large lame osseuse qui prolonge le sternum, le bréchet (*fig. 8*).

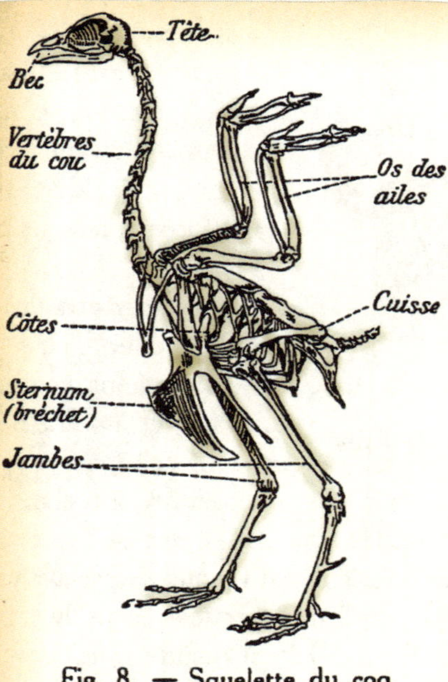

Fig. 8. — Squelette du coq.

Les ailes de la poule, rondes et courtes, sont des rames médiocres, insuffisantes pour soutenir longtemps un corps relativement lourd ; aussi la poule ne vole-t-elle que rarement et sur de très courtes distances.

6. Les pattes.

Le coq erre tout le jour, accompagné de ses poules,

dans la basse-cour ou dans les champs, picorant sa nourriture. Aussi ses pattes sont elles vigoureuses, mues par les gros muscles du « pilon » et de la cuisse.
Recouvertes d'une peau écailleuse, elles se terminent par quatre doigts à griffes robustes et émoussées, bien propres à gratter le sol. Le pouce est dirigé en arrière, formant ainsi avec les autres doigts une sorte de pince qui permet à l'animal de se maintenir facilement sur un perchoir.
Au-dessus du pouce, le coq possède un *ergot* aigu qui lui sert d'arme redoutable dans ses combats. La poule n'a pas d'ergot.

7. L'alimentation du coq et de la poule.

Le coq et la poule se nourrissent de graines, de vermisseaux, de larves d'insectes : constamment, on les voit gratter la terre et picorer. Leur *bec corné*, dépourvu de dents, ne peut mâcher les aliments ; les graines, avalées toutes rondes, sont emmagasinées dans une poche que l'on voit former saillie à la base du cou après un repas copieux : c'est le *jabot* (*fig.* 9). De là elles passent dans une autre poche remplie de grains de sable que l'oiseau a avalés ; c'est le gésier. Ces grains de sable, tenant le rôle des dents, écrasent les aliments qui passent ensuite dans l'intestin.

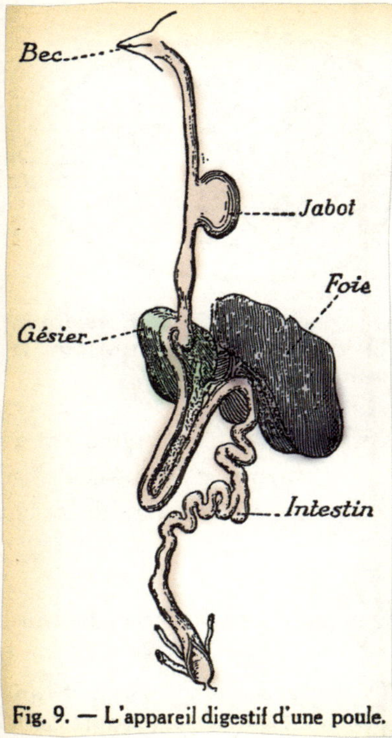

Fig. 9. — L'appareil digestif d'une poule.

8. Les œufs.

Dès la fin de février et pendant toute la belle saison, la poule pond des œufs ; certaines races bonnes pondeuses donnent jusqu'à 150 à 200 œufs par an.

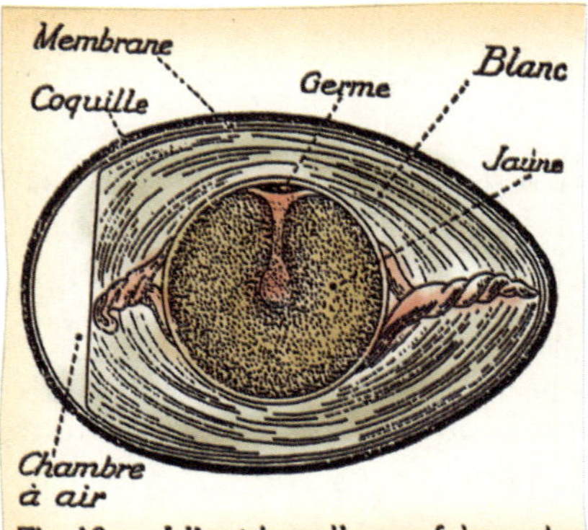

Fig. 10. — L'intérieur d'un œuf de poule.

Chaque œuf (*fig. 10*) est protégé par une coquille calcaire, poreuse, à travers laquelle peut passer l'air ; elle est doublée à l'intérieur par une fine membrane à double feuillets : entre ces deux feuillets, généralement au gros bout de l'œuf, se trouve un vide, la *chambre* à air. L'œuf contient une substance transparente, gluante, le *blanc*, qui durcit et blanchit par la cuisson, et au milieu, un petit globe jaune portant à sa surface une fine tache qui est le *germe*.

9. Les poussins.

Après avoir pondu une douzaine d'œufs, la poule les couve en les couvrant de son corps : à cette douce chaleur, le germe se développe, se nourrit en absorbant peu à peu le blanc et le jaune et finalement devient un petit oiseau (*fig. 11*). Au bout de vingt et un jours, la coquille éclate et il en sort un petit poussin, déjà vigoureux, qui court à la recherche de sa nourriture ; couvert seulement d'un fin duvet, il craint beaucoup le froid et vient se réchauffer souvent sous l'aile de la mère.

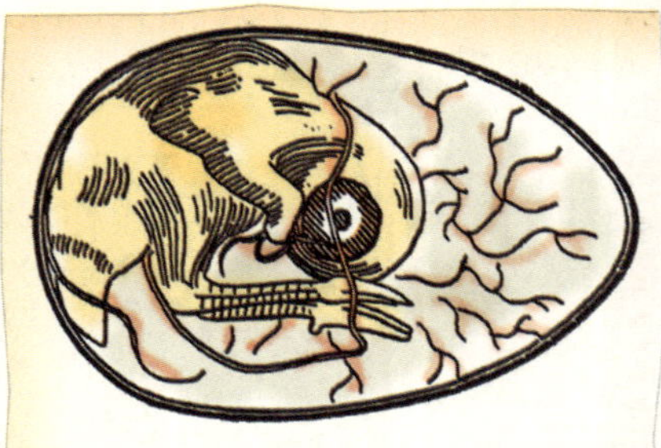
Fig. 11. — Dans un œuf couvé depuis 14 jours, on distingue nettement le petit poussin.

RÉSUMÉ

☞ *Le coq et la poule ont le corps recouvert d'un épais et chaud vêtement de plumes et de duvet.*

☞ *Les longues plumes de leurs ailes, souples et élastiques, servent au vol.*

☞ *Pendant le vol, des muscles puissants, fixes sur les ailes et le bréchet, font mouvoir les ailes qui agissent comme des rames.*

☞ *Le coq et la poule saisissent leurs aliments avec un bec corné, sans dents.*

☞ *Les aliments, emmagasinés d'abord dans le jabot, sont écrasés dans le gésier avant de passer dans l'intestin.*

☞ *La poule pond des œufs d'où naissent les poussins.*

EXERCICES D'OBSERVATION ET DE REFLEXION

– *Apprenez à distinguer, d'après leur plumage, des poules de diverses races.*

– *Dans l'aile d'un poulet tué, comptez les grandes plumes fixées sur l'avant-bras, sur la « main ». – Voyez comment elles se recouvrent en partie.*

À quelle époque les poules muent-elles ? Quelles plumes perdent-elles alors ?

– *Comparez une grande plume de l'aile et une plume de la queue d'une poule. En quoi diffèrent-elles ?*

– *Pourquoi « flambe » t-on un poulet avant de le faire cuire ?*

– *Qu'appelle-t-on « avoir la chair de poule » ? Pourquoi ?*

– *Sur un poulet cuit, voyez comment le « blanc de poulet » s'insère sur le bréchet.*

– *Pourquoi coupe-t-on parfois l'extrémité des plumes des ailes d'une poule ?*

Examinez l'intérieur du jabot et du gésier d'un poulet qu'on vide. Que constatez-vous ?

– *Comparez l'épaisseur de la paroi du jabot et de celle du gésier. Comment expliquez-vous la différence que vous constatez ?*

– *Regardez un morceau de coquille d'œuf par transparence en face d'une fenêtre. Que remarquez-vous ?*

– *Voyez comment le jaune d'un œuf est maintenu au milieu du blanc.*

– *Que mangent les très jeunes poussins ?*

Questionnaire

1. Quels sont les caractères qui distinguent les oiseaux ? – 2. Décrivez les plumes qui recouvrent le corps du coq. – 3. Décrivez une plume de l'aile. – 4. Comment le coq prend-il son vol ? – 5. Qu'est ce que le bréchet ? – 6. Décrivez une patte de coq. – 7. Quelle différence y a-t-il entre le jabot et le gésier ? – 8. Quelles sont les diverses parties d'un œuf de poule ? – 9. Que se produit-il dans un œuf qui couvre la poule ?

18 Le brochet

Matériel

Un brochet mort ; des poissons dans un bocal ; une canne à pêche ; gravures représentant les principaux poissons d'eau douce et de mer.

1. Le corps du brochet.

Le brochet est un poisson abondant dans la plupart de nos rivières. Quand l'eau est très calme, on le voit parfois se tenir tout à fait immobile, pendant quelque temps, puis s'élancer avec une merveilleuse rapidité. C'est en effet un nageur remarquable, et tout son corps est disposé pour lui permettre un rapide déplacement dans l'eau.

La tête allongée, au museau large et plat, à la mâchoire inférieure proéminente, prolonge le corps sans en être séparée par un cou ; le corps lui-même est mince et long, d'une grosseur à peu près constante ; il est seulement aminci à la queue.

Tout le corps est recouvert d'écailles, d'un gris verdâtre sur le dos, plus claires sous le ventre. Les écailles, sont de minces lames flexibles, fixées

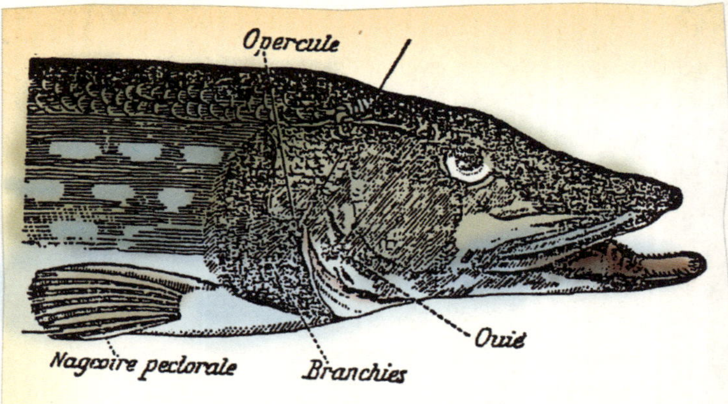

Fig. 2. — Les ouies du brochet.

dans la peau par leur bord avant, et qui se recouvrent partiellement d'avant en arrière. Un liquide visqueux les enduits et rend le corps du poisson glissant.

2. Les nageoires.

Au moment où il s'élance, le brochet donne dans l'eau un coup violent avec la *nageoire* de sa queue, qui le fait progresser comme l'hélice fait avancer le bateau ; d'autres nageoires lui permettent de garder son équilibre et de se diriger : tout d'abord, une paire de nageoires placées juste en arrière de la tête ; puis une autre paire au milieu du corps ; une nageoire isolée se dresse à l'extrémité du dos, et une autre est fixée sous le ventre, près de la queue. Chaque nageoire est constituée par une membrane souple soutenue par des rayons osseux, qui s'articulent aux os de la colonne vertébrale.

3. La respiration.

En arrière de la tête et de chaque côté du corps se trouve une large plaque mobile, *l'opercule*. Ces opercules recouvrent deux chambres les *ouïes* (*fig.* 2), communiquant directement avec la bouche ; dans chacune on peut distinguer une sorte de grille formée de quatre barreaux portant une double rangée de lamelles qui leur donnent l'aspect d'un peigne. Ce sont des branchies : leur couleur rouge provient du sang qui y circule en abondance.

Sans arrêt, le brochet absorbe de l'eau qui pénètre, non dans l'œsophage, mais dans les ouïes, d'où elle s'échappe en soulevant l'opercule (*fig.* 3). Au passage, elle baigne les branchies, et l'oxygène qu'elle contient en dissolution se fixe sur le sang : comme le têtard, le brochet a une *respiration aquatique*. Quand le poisson se trouve dans l'air, ses branchies se dessèchent, se collent, et l'animal meurt asphyxié.

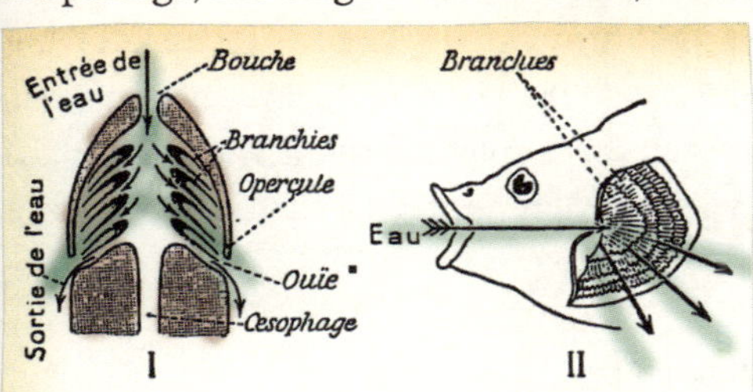

Fig. 3. — Schéma de la circulation de l'eau dans les branchies.

4. La nourriture.

Le brochet est un terrible carnassier, qui mange une foule de poissons. Il fond sur sa proie avec la rapidité d'une flèche, la saisit avec les nombreuses dents aiguës qui garnissent toute la surface de sa bouche, et l'emporte dans un coin tranquille où il la mange entière, sans la mâcher. Extrêmement vorace, il avale quantité d'objets, et il se précipite même sur des engins métalliques garnis d'hameçons.

5. Les alevins.

La femelle du brochet pond en eau calme, de préférence dans les herbes aquatiques, un nombre considérable de petits œufs. A l'éclosion, il sort de chacun un *alevin* (*fig.* 4), sorte de très petit poisson qui porte sous le ventre un petit sac contenant une partie des matières nutritives de l'œuf. Ce sac diminue à mesure que l'alevin grandit, et bientôt disparaît ; le jeune poisson doit alors chercher lui-même sa nourriture.

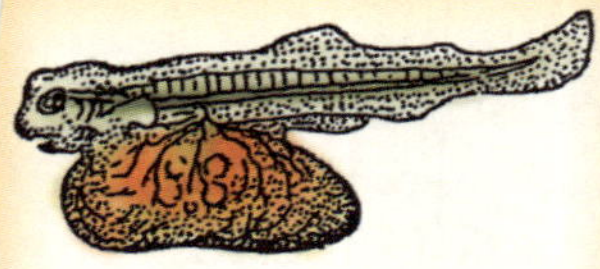
Fig. 4. — Un alevin.

La plupart des alevins sont dévorés par les gros poissons ; seuls quelques-uns deviennent adultes.

6. D'autres poissons.

Nos rivières sont peuplées d'un très grand nombre de poissons (*fig.* 5). Les *vairons*, les goujons, les ablettes sont de petite taille ; la tanche, la *truite*, le *chevesne*, la *carpe*, la perche deviennent beaucoup plus gros. Les poissons de mer présentent une variété encore plus considérable (*fig.* 7). On trouve sur nos côtes la *sardine*, le *hareng*, le *thon*, le *maquereau*, ainsi que de curieux poissons au corps aplati, la *raie*, la *sole*, le *turbot*. La *morue*, qui peut peser jusqu'à 40 kilogrammes, est surtout abondante dans les mers froides.

7. Utilité des poissons.

Presque tous les poissons sont comestibles, et certains, comme la truite, la sole, le turbot, ont une chair particulièrement délicate. Mais cette

Fig. 5. — Quelques poissons d'eau douce.
1. Gardon. — 2. Barbeau. — 3. Goujon. — 4. Ablette. — 5. Brême. — 6. Saumon
7. Tanche. — 8. Brochet. — 9. Truite. — 10. Anguille. — 11. Perche.

Fig. 6. — Quelques poissons de mer.

1. Rouget. — 2. Turbot. — 3. Hareng. — 4. Maquereau. — 5 Thon.
6. Sardine. — 7. Morue. — 8. Grondin.

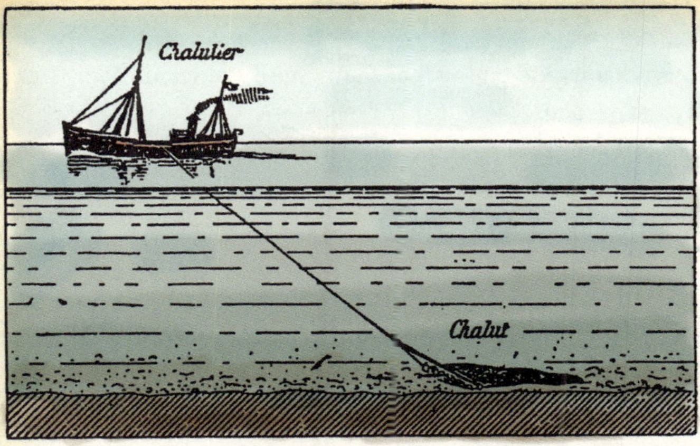

Fig. 7. — La pêche au chalut. (Le chalut est un filet en forme de poche qu'un bateau traîne dans la mer.)

chair se gâte rapidement ; aussi, pour qu'il puisse être consommé dans les régions éloignées des lieux de pêche, le poisson est transporté dans la glace, ou bien il est d'abord fumé (hareng) ou salé (morue).

8. La pêche.

Tout le monde connaît la pêche à la ligne pratiquée le long de nos rivières ; un appât est fixé sur un crochet d'acier, l'hameçon, qui pénètre dans la chair du poisson quand celui-ci mord l'appât.
La plupart des poissons de mer sont pêchés au filet, réseau de ficelle dont les dimensions des mailles varient avec la grosseur du poisson qu'on veut prendre. Parfois, le poisson qui s'engage dans une maille se trouve arrêté par les ouïes. D'autres fois, le filet, nommé chalut, à la forme d'une poche (*fig.* 7) dans laquelle les poissons se trouvent prisonniers.

RÉSUMÉ

☞ *Le corps du brochet, allongé et recouvert d'écailles, peut facilement glisser dans l'eau.*

☞ *Le brochet progresse grâce aux mouvements de la nageoire de sa queue.*

Ses autres nageoires le maintiennent en équilibre et lui permettent de se diriger.

☞ *Le brochet respire, par ses branchies, l'air dissous dans l'eau.*

☞ *Il pond des œufs d'où naissent des alevins.*

☞ *La chair des poissons est très nourrissante.*

EXERCICES D'OBSERVATION ET DE REFLEXION

– Comparez la forme du brochet à celle des autres poissons de votre région ; voyez surtout sa bouche.

– Pour la pêche du brochet, les pêcheurs fixent leur hameçon à un fil métallique et non à une soie ; pourquoi ?

– On pêche souvent le brochet « au vif » ; que signifie cette expression ?

– On conserve les poissons vivants dans un vivier ; y place-t-on es brochets ? Pourquoi ?

– On doit changer assez fréquemment l'eau des bocaux où l'on élève des poissons rouges ; pourquoi ?

– Quels sont les principaux poissons qui vivent dans les rivières et les étangs de votre région ?

– Quels poissons de mer sont vendus dans votre région ?

– Certains poissons sautent souvent hors de l'eau ; pourquoi ?

– Les pêcheurs déposent souvent de l'appât dans l'endroit de la rivière où ils veulent pêcher le lendemain ; pourquoi ?

– Appâte-t-on ainsi dans les rivières ou ruisseaux au courant rapide ? Pourquoi ?

Questionnaire

1. Montrez que le corps du brochet est disposé pour se déplacer aisément dans l'eau. – 2. Énumérez les nageoires du brochet. – 3. Comment respire le brochet ? – 4. De quoi se nourrit-il ? – 5. Que sont les alevins ? – 6. Citez des poissons de rivière, des poissons de mer. – 7. Comment pêche-t-on les poissons ?

19 L'ABEILLE

1. La ruche.

Matériel

Quelques abeilles et faux bourdons qu'on aura tués en les plaçant dans une boite contenant du coton imbibe de benzine ; du miel ; un gâteau de cire. Si possible, on visitera un rucher.

Beaucoup de fermes et de maisons de campagne possèdent leur rucher. C'est dans un coin du jardin, une série de ruches. Chacune est formée généralement (*fig. 1*) d'une caisse couverte par un toit en zinc et présentant à la base une ouverture devant laquelle s'étend une planche de vol. Par beau temps, cette planche est animée d'un incessant va-et-vient d'abeilles.

2. Le corps de l'abeille.

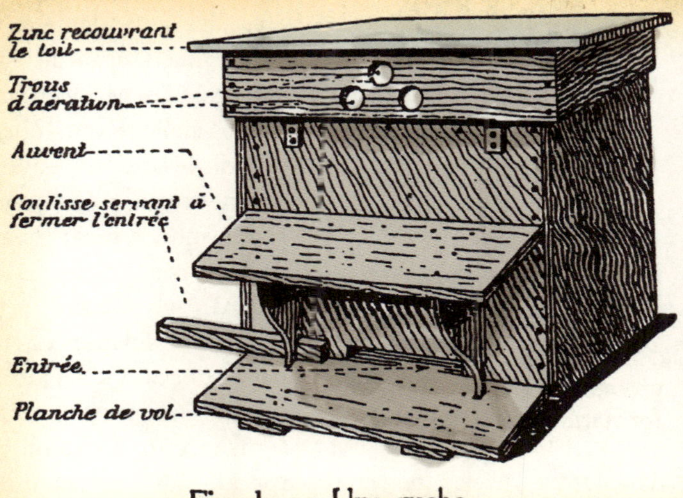

Fig. 1. — Une ruche.

Fig. 2. — Les abeilles.
I : ouvrière; — II : faux bourdon; — III : reine.

On peut écraser le corps d'une abeille sans y trouver trace d'os : *l'abeille n'a pas de squelette.*

Le corps (*fig.* 2) de couleur brune, est recouvert d'un fin duvet de teinte plus claire ; deux amincissements nets le partagent en trois parties que l'on nomme la tête, le thorax et l'*abdomen*.

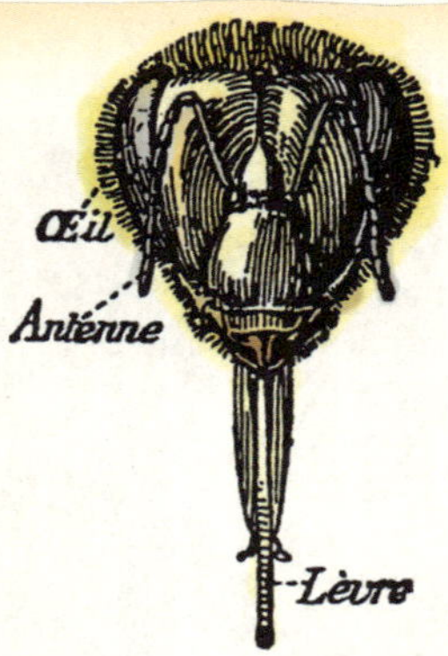

Fig. 3. — Tête de l'abeille (très grossie). Remarquer la conformation de la bouche.

a) La tête (*fig.*3). Elle porte sur les côtés deux gros *yeux* et, en avant, deux filaments qui s'écartent en forme de V : les antennes. On pense que c'est par ses *antennes* que l'abeille perçoit les odeurs. La lèvre inférieure s'allonge en une trompe qui permet à l'abeille de sucer des liquides.

b) Le thorax. Il porte deux paires d'ailes et trois paires de *pattes*. Chaque aile est formée d'une membrane transparente soutenue par des filets, les nervures. Une *patte* comprend plusieurs fragments articulés : c'est pourquoi on les nomme des articles. Elle se termine par de petites griffes aiguës.

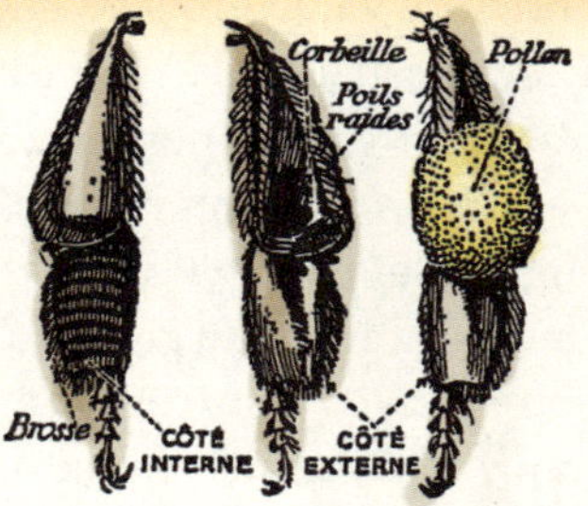

Fig. 4. — Patte postérieure de l'abeille, montrant la brosse qui recueille le pollen et la corbeille où il s'assemble.

La dernière paire de pattes (*fig.* 4) est disposée pour faciliter à l'abeille la récolte du pollen des fleurs : un des derniers articles est couvert de soies fines et serrées qui en font une brosse à pollen ; l'article précédent est creusé d'une cavité garnie de poils raides. L'abeille rassemble le pollen avec sa brosse, le roule en boule et le loge dans la corbeille où les poils raides le retiennent.

c) L'abdomen. On le voit nettement formé de 6 *anneaux* emboîtés l'un dans l'autre. Il est armé d'un aiguillon qui communique avec une petite glande à venin. Si l'on a été piqué par une abeille, il faut d'abord retirer l'aiguillon, puis mettre une goutte de teinture d'iode sur la piqûre et l'envelopper d'un linge propre.

Tous les animaux qui ont, comme l'abeille, le corps divisé en trois parties, avec trois parties de pattes et, généralement, une ou deux paires d'ailes, sont des insectes.

3. La respiration.

Pendant que l'abeille est posée sur une fleur, nous voyons son abdomen se soulever et s'abaisser d'un rythme régulier : c'est ainsi que l'abeille respire. Entre les anneaux de l'abdomen, et de chaque côté, s'ouvrent de petits orifices qui sont les ouvertures de menus canaux aboutissant dans tous les organes de l'animal. L'air pénètre dans ces canaux, puis en est chassé par les mouvements de l'abdomen.

4. La société des abeilles.

Chaque ruche est la demeure d'une société d'abeilles comprenant souvent plus de 50 000 ouvrières. Toutes ces ouvrières ont un travail bien déterminé.

Les unes saisissent entre leurs pattes de menues lamelles de cire que produit leur abdomen, les malaxent en les mélangeant avec leur salive, et s'en servent pour réparer ou construire les alvéoles de cire dont l'ensemble forme ce qu'on appelle un gâteau de cire. Des *nettoyeuses* rejettent de la ruche les débris inutiles ; les gardiennes s'opposent à l'entrée dans la ruche de tout animal étranger, y compris les abeilles des autres ruches. Des *nourrices* soignent les jeunes.

Les *butineuses* vont quérir, les unes de l'eau, d'autres du pollen, d'autres le nectar, liquide sucré qu'elles aspirent, avec leur trompe au fond des corolles des fleurs ; emmagasiné dans une cavité du tube digestif, le nectar subit un commencement de digestion qui le transforme en miel ; les butineuses dégorgent ensuite ce miel dans les alvéoles des gâteaux de cire.

La ruche compte d'autres habitants : d'abord quelques centaines de mâles ou faux bourdons (*fig.* 2, II), qui ne travaillant pas, sont tolérés pendant la belle saison, mais impitoyablement massacrés ou chassés à l'automne ; ensuite, la reine (*fig.* 2, III), aussi grosse qu'un faux bourdon, mais à l'abdomen plus allongé, et dont la seule mission est de pondre.

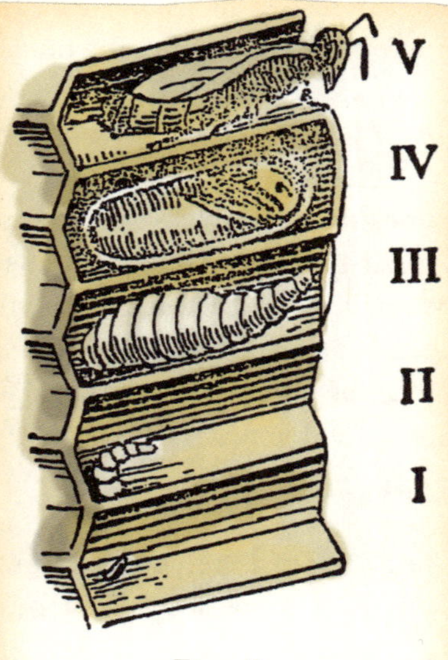

Fig. 5.
Les métamorphoses de l'abeille.

5. Les métamorphoses.

La reine inspecte chaque alvéole vide, et y laisse tomber un œuf (*fig.* 5, I). Quatre jours après la ponte, il sort de cet œuf un petit ver, une *larve* (*fig.* 5, II). Les nourrices lui donnent d'abord une sorte de lait, puis un mélange de miel, de pollen et d'eau. Elle grossit rapidement et, après six jours, emplit son berceau, auquel les nourrices mettent un couvercle de cire (*fig.* 5, III). La larve se tisse un mince cocon de soie blanche et devient immobile : c'est une *nymphe* (*fig.* 5, IV). Des changements

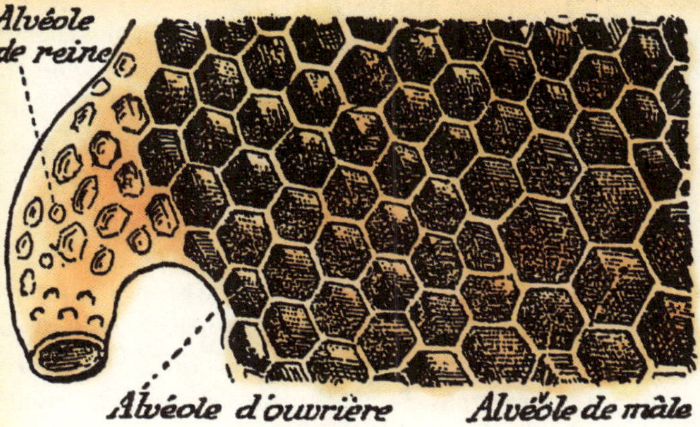

Fig. 6.
Un coin de gâteau de cire avec alvéole de reine.

profonds s'effectuent dans ses organes et en font, au bout de onze jours, une abeille ouvrière ; elle ouvre alors le couvercle de cire qui l'enfermait (*fig.* 5, V), et participe aussitôt aux travaux de ses sœurs. Des larves nourries avec une pâtée de meilleure qualité, et logées dans de grandes cellules (*fig.* 6), deviendront des reines.

Fig. 7.
Un essaim posé sur une branche.

6. L'essaimage.

Quand la ruche est prospère et sa population trop nombreuse, la vieille reine la quitte avec un essaim de 10 000 à 15 000 ouvrières qui va se fixer à une branche d'arbre (*fig.* 7). L'éleveur recueille l'essaim en le faisant tomber dans une ruche préparée d'avance.

7. Les produits de la ruche.

Les provisions faites par les abeilles sont généralement plus abondantes qu'il n'est nécessaire pour la nourriture de la société pendant l'hiver. L'éleveur peut prélever le surplus ; il obtient ainsi du *miel*, aliment délicieux, sucre et parfume, et de la *cire* que l'on emploie à la fabrication de l'encaustique.

RÉSUMÉ

☞ *Le corps de l'abeille comprend trois parties : 1° la tête, ou l'on distingue les yeux, les antennes, et la bouche en forme de trompe ; 2° le thorax portant deux paires d'ailes et trois paires de pattes articulées ; 3° l'abdomen.*

☞ *L'air pénètre par de fins canaux dans tous les organes de l'abeille.*

☞ *Dans la ruche vivent des ouvrières, des males et une reine.*

☞ *La reine pond des œufs ; de l'œuf sort une larve qui se transforme en nymphe, puis en abeille.*

☞ *Les abeilles nous donnent le miel et la cire.*

EXERCICES D'OBSERVATION ET DE REFLEXION

– *À quelle date commence-t-on à voir des abeilles ?*

– *En observant une ruche, voyez à quel moment cesse, le soir, la sortie des butineuses.*

– *Les abeilles sortent-elles de leur ruche un jour de pluie ?*

– *Sur quelles fleurs les abeilles butinent-elles ?*

– *À quelle époque récolte-t-on le miel ? Comment procède-t-on pour ne pas être piqué par les abeilles ?*

– *Voyez comment on extrait le miel des gâteaux de cire.*

Questionnaire

1. Décrivez une ruche. – 2. De quelles parties se compose le corps de l'abeille ? – 3. Décrivez chacune de ces parties. – 4. Comment respire l'abeille ? – 5. De quoi se compose la société des abeilles ? – 6. Avec quoi et comment les abeilles font-elles le miel ? – 7. Racontez les métamorphoses d'une abeille. – 8. En quoi consiste l'essaimage ? – 9. Quels produits nous donnent les abeilles ?

20 L'ARAIGNÉE, L'ESCARGOT, LE VER DE TERRE

L'ARAIGNÉE

1. Le corps de l'araignée.

Matériel

Quelques araignées dans des tubes de verre : des escargots de diverses grosseurs ; des vers de terre dans de la terre humide (On observera, au jardin, ces animaux vivants.)

On rencontre fréquemment dans les jardins, suspendue au centre d'une large toile, une araignée de couleur brune, au dos marqué d'une croix beige : c'est *l'araignée des jardins*, ou *épeire*.

Un étranglement sépare son corps en deux parties (*fig.* I) : l'une, petite, où s'ouvre la bouche, porte les pattes ; l'autre, volumineuse et arrondie, est l'abdomen.

En examinant l'araignée à la loupe, on peut voir sur la tête de petits yeux, et, de chaque côté de la bouche, deux crochets avec lesquels l'animal peut piquer et empoisonner de petites proies : ce sont des *crochets venimeux*. Quatre paires de longues pattes, minces et velues, dirigées deux paires vers l'avant, deux paires vers l'arrière, permettent à l'araignée de se déplacer très rapidement.

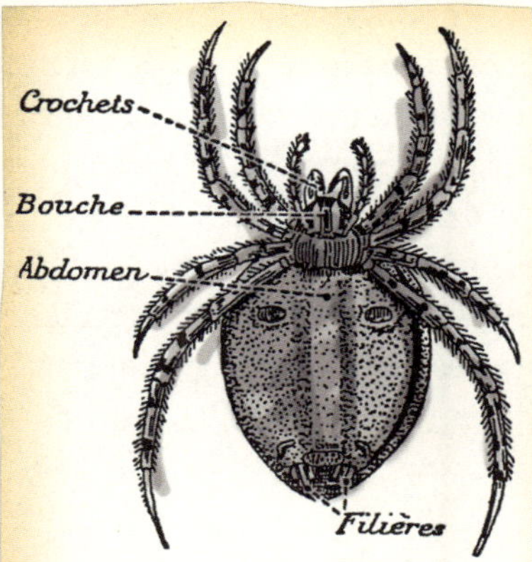

Fig. 1.
Une araignée, vue de dessous (très grossie).

Tout à fait en arrière de l'abdomen, en dessous, plusieurs petits trous laissent échapper un liquide gluant, qui se solidifie aussitôt à l'air, formant un fil mince et léger : ce sont les *filières*.

Le corps de l'araignée est mou, facile à écraser : il ne renferme pas le plus petit os.

2. Les mœurs de l'araignée.

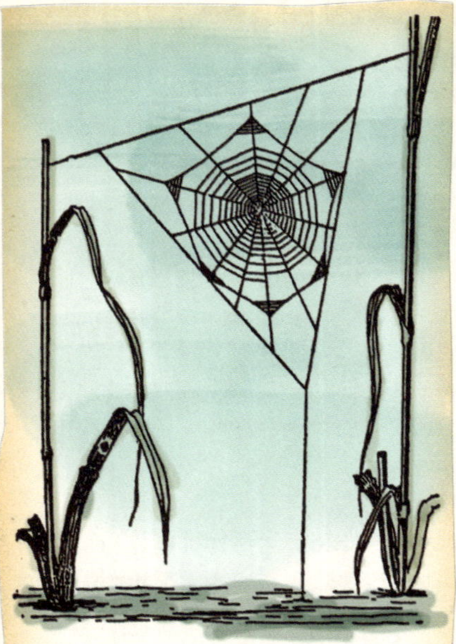

Fig. 2. — Une toile d'araignée.

À peine installée dans un coin du jardin, l'araignée tisse sa toile : du fil qui sort de ses filières, elle fabrique un filet à larges mailles, figurant une roue dont les rayons sont unis par un fil en spirale (*fig.* 2).

Elle s'installe ensuite au centre de sa toile, la tête en bas, et attend patiemment ; ou bien elle se cache sous quelque feuille voisine et, dans ce cas, elle est reliée à sa toile par un fil fortement tendu qui aboutit sous ses pattes : c'est un fil avertisseur. Qu'un moucheron se prenne dans le filet, l'ébranlement produit se transmet aussitôt à l'araignée qui bondit sur sa toile, se précipite sur le captif empêtré, le touche avec ses filières pour y fixer un fil, puis le saisissant avec ses pattes de devant, le fait tourner comme une bobine autour de laquelle elle enroulerait son fil ; elle paralyse ensuite sa victime en la piquant de ses crochets venimeux ; puis, si elle a grand-faim, elle la dévore sur place ; sinon, elle la transporte au préalable au centre de la toile ou dans sa cachette.

L'araignée des jardins détruit ainsi quantité de moucherons et de mouches ; c'est donc un animal utile. Mais, dans les appartements, on pourchasse sans merci les araignées, pour raison de propreté.

L'ESCARGOT

3. Le corps de l'escargot.

L'escargot est commun dans les vignes, les jardins, les bois : il recherche les lieux sombres et frais à l'ombre des feuilles.

Son corps (*fig.* 3) est protégé par une coquille grise à raies noires, enroulée en spirale. De la large ouverture de cette coquille sortent la tête et une épaisse masse charnue que l'on prend souvent à tort pour le corps de l'animal, alors qu'elle est simplement le support, le *pied*, sur lequel il se déplace.

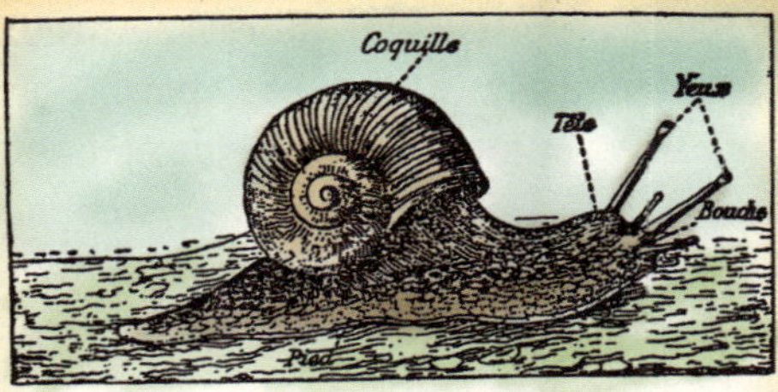

Fig. 3. — Un escargot.

Le corps véritable, contenant la plupart des organes, est loge à l'intérieur de la coquille : c'est le *tortillon*, brun et mou.

La tête porte quatre petites cornes, ou *tentacules* qui, lorsque l'animal est inquiet, se replient à la façon d'un doigt de gant que l'on retourne. Les deux plus grands portent chacun un œil que l'on aperçoit comme un point noir ; les deux plus petits sont très sensibles et servent au toucher. Sous les tentacules s'ouvre la bouche.

4. Les mœurs de l'escargot.

L'escargot chemine lentement à travers les plates-bandes en rampant sur son large pied ; une matière gluante le fait adhérer aux objets sur lesquels il se meut et marque le chemin qu'il a suivi.

Il se nourrit de feuilles tendres, de bourgeons, de jeunes pousses ; à l'aide d'une mâchoire cornée qui arme sa lèvre supérieure, il en détache des fragments qu'il râpe ensuite avec sa langue couverte de petites dents aiguës ; il commet de grands dégâts dans les jardins et les vignes.

Il craint la chaleur et la sécheresse ; aussi ne se déplace-t-il guère que la nuit ou par les temps humides.

S'il est inquiété, il rentre tout son corps dans sa coquille.

En hiver, il s'enferme aussi dans sa coquille dont il bouche l'orifice par un mince couvercle, formé de matière gluante qui durcit, au printemps, ce couvercle se ramollit et l'escargot reprend sa vie libre.

LE VER DE TERRE

5. Le corps du ver de terre.

Le ver de terre ou *lombric* est commun dans la terre humide ; il abonde dans le terreau et dans le fumier de ferme bien décomposé.

Son corps (*fig.* 4), de couleur rouge, a de 4 à 20 cm de long ; il est cylindrique, effilé aux deux bouts, et forme de nombreux anneaux. On n'y distingue pas de tête ; seul, un bourrelet plus épais, rouge violacé, situé au premier tiers du corps, indique le côté de la tête.

Le ver n'a pas de membres ; en passant le doigt sur sa peau, on sent de petits poils raides avec lesquels il se cramponne au sol. Il avance en contractant et allongeant son corps. Le corps du ver est toujours humide et gluant.

6. La vie du ver de terre.

Le lombric se creuse de profondes galeries dans la terre humide. Il avale la terre pour utiliser les particules alimentaires, débris d'animaux ou de végétaux, qu'elle peut contenir, puis il la rejette sous forme de petits tortillons à l'orifice de ses galeries. Le sol, troué de toutes parts, est ameubli, ses parties profondes sont ramenées à la surface comme par un labour et l'air y circule aisément. Mais si l'on a enfoui dans la terre des animaux morts de maladie contagieuse, le ver peut ramener à la surface les germes de la maladie ; celle-ci se communique ainsi aux animaux domestiques qui viennent paître sur ce terrain.

En hiver, le ver s'engourdit au fond de sa galerie ; il en sort au printemps, surtout par temps humide. A la sécheresse, en effet le ver meurt rapidement, parce que l'air ne peut plus pénétrer à travers sa peau desséchée et durcie.

Fig. 4. — Vers de terre.

RÉSUMÉ

☞ *L'araignée a un corps mou, divisé en deux parties. Elle possède quatre paires de pattes.*

☞ *Elle tisse des toiles dans lesquelles viennent se prendre mouches et moucherons qu'elle dévore, après les avoir paralysés en les piquant de ses crochets venimeux.*

☞ *L'escargot a le corps protégé par une coquille de laquelle sortent seulement la tête et un large pied musculaire. Il n'a pas de membres.*

☞ *L'escargot est herbivore ; il commet de grands dégâts dans les jardins.*

☞ *Le ver de terre ou lombric a un corps allongé formé de nombreux anneaux semblables. Il se nourrit des particules alimentaires contenues dans le sol. Il respire par la peau.*

EXERCICES D'OBSERVATION ET DE REFLEXION

– À l'aide d'un brin d'herbe, obligez une araignée a quitter sa toile : voyez comment elle descend jusqu'au sol.

– Sur une toile d'araignée, posez doucement une mouche vivante et observez ce qui se passe.

– Quelles différences constatez-vous entre le corps d'une araignée et celui d'une mouche ? d'une fourmi ?

– Pendant les chaudes journées d'été, où trouve-t-on des escargots ?

– Quelles différences y-a-t-il entre l'escargot et la limace ? Quelles ressemblances ? Connaissez-vous des animaux, autres que l'escargot, qui aient une coquille ?

– Pourquoi les vers de terre abondent-ils dans le terreau ?

– Comparez la façon dont se déplacent l'escargot et le ver de terre.

– Pourquoi recueille-t-on parfois des vers de terre ?

Questionnaire

1. Décrivez une araignée. – 2. Combien a-t-elle de pattes ? – 3. Comment tisse-t-elle sa toile ? – 4. Comment se nourrit-elle ? – 5. Est-elle utile ou nuisible ? – 6. Que renferme la coquille de l'escargot ? – 7. Décrivez la tête de l'escargot. – 8. Qu'appelle-t-on le pied de l'escargot ? – 9. De quoi et comment se nourrit l'escargot ? – 10. Ou vit le ver de terre ? – 11. Décrivez un ver de terre. – 12. Comment se nourrit-il ? –13. Comment respire-t-il ?

CHAPITRE III

Les végétaux

21 Les végétaux, leurs racines, leurs tiges

Matériel

Graines de haricot, dont quelques-unes auront séjourné un jour dans l'eau ; haricots germés sur la mousse humide, à divers stades de leur développement : rameau de saule ou de lilas ; fragment scié d'une tige de chêne.

1. Observons des graines.

Pour avoir des légumes dans son jardin, du trèfle ou de la luzerne dans ses prairies, du blé dans ses champs, le jardinier ou le cultivateur sème des graines d'où naissent de jeunes plantes.

Observons une graine, choisie parmi les plus grosses afin que l'examen en soit plus facile : une graine de haricot.

Elle est protégée par une peau luisante et coriace, dont la couleur, blanche, noire, brune ou diversement panachée, dépend de la variété du haricot. Cette enveloppe se détache aisément si on a laissé la graine séjourner quelques heures dans l'eau.

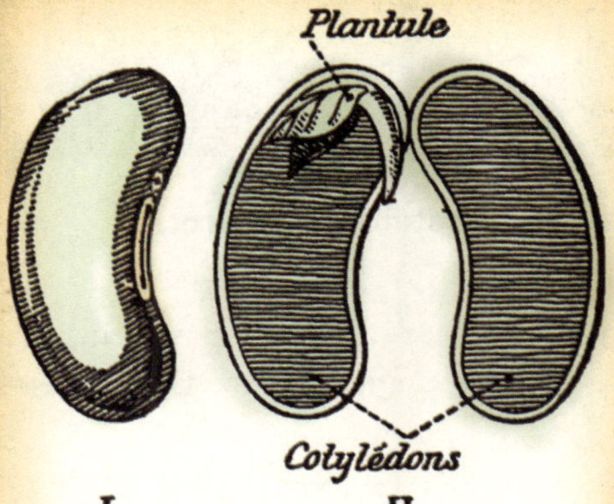

Fig. 1. — Une graine de haricot (à droite, représentée ouverte pour montrer la plantule).

Au-dessous apparaissent deux masses grisâtres arrondies d'un côté, plates de l'autre, que l'on nomme *cotylédons* (d'un mot grec signifiant coupe, ou écuelle) (*fig.* I).

Entre les cotylédons se trouve un petit organe très curieux : il a la forme d'un petit cylindre, terminé en point à un bout, et portant à l'autre bout deux feuilles en miniature tout à fait semblables à des feuilles de haricot qui seraient minuscules. C'est là une véritable petite plante, une *plantule*.

La graine est donc une sorte de coffret enfermant et protégeant une très petite plante.

2. Faisons germer des graines.

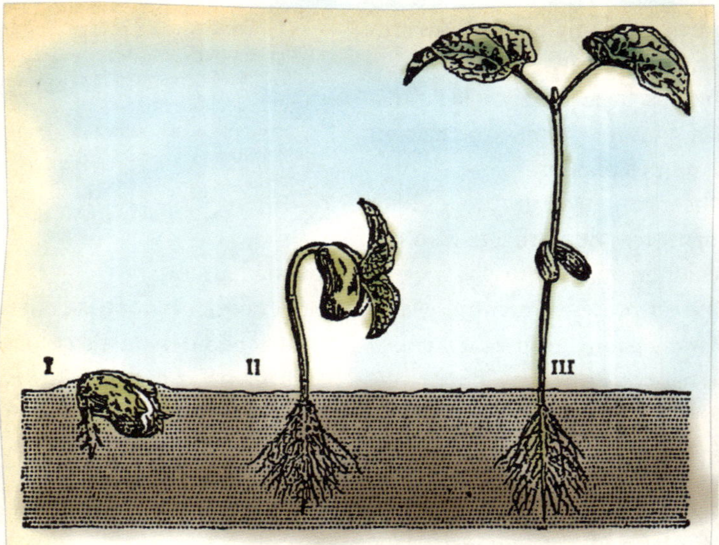

Fig. 2. — La germination du haricot.

Déposons quelques graines de haricot sur de la mousse ou sur de l'ouate humide, et gardons-les dans une salle où la température est douce et régulière.

Bientôt les graines gonflent, leur enveloppe se déchire ; il en sort une racine qui s'enfonce dans la mousse ou l'ouate (*fig.* 2, I) ; quelques jours plus tard, les cotylédons sont soulevés, ils s'écartent, s'étalent et les petites feuilles qui étaient enfermées dans la graine se déploient et grandissent (*fig.* 2, II) : la graine a *germé*.

Puis la racine se ramifie, de nouvelles feuilles apparaissent sur la tige.

En même temps, les cotylédons se rident, se vident, se dessèchent (*fig.* 2, III) et tombent : leur rôle a été de fournir à la jeune plante les aliments nécessaires à sa croissance en attendant qu'elle ait formé les organes par lesquels elle se nourrira.

3. Les organes de la plante.

Notre jeune plante, désormais bien constitué, comprend : 1° la *racine* qui s'enfonce dans la mousse ; 2° la *tige* qui s'élève dans l'air ; 3° les *feuilles* portées par la tige. Mais elle ne tarde guère à mourir : c'est qu'elle ne trouve pas dans l'ouate ou la mousse humide les aliments qui lui sont indispensables, et que puise dans le sol le plant provenant d'un haricot semé au jardin. Ce dernier plant continue de grandir, puis il donne des *fleurs* qui, après s'être fanées, se transforment en gousses ou *fruits* contenant de nouvelles graines. Enfin la plante entière meurt, mais en laissant dans ses graines toute une réserve de futures plantes.

Ainsi nous voyons que *la plante vit grâce à sa racine, sa tige et ses feuilles ; elle se reproduit par ses graines, contenues dans les fruits qui proviennent des fleurs.*

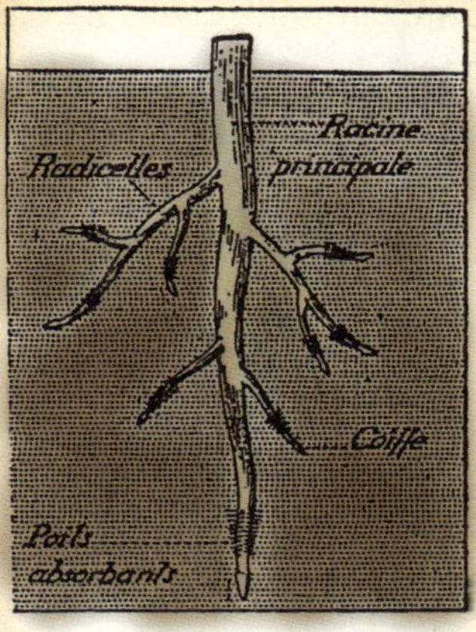

Fig. 3. — Les diverses parties d'une racine.

LES RACINES

4. Diverses parties de la racine.

Au début de la germination, la racine du haricot est formée (*fig.* 3) d'un axe gros et court, la *racine principale*, portant plusieurs rangées de très fines racines ou radicelles. La différence de grosseur entre la racine principale et les radicelles diminue ensuite beaucoup et l'ensemble forme un paquet de filaments grisâtres.

L'extrémité de chaque racine est recouverte d'une sorte de capuchon résistant, la *coiffe*, qui lui permet de pénétrer même dans les sols assez durs.

Un peu au-dessus de la coiffe, la racine est garnie, sur une faible longueur, d'un manchon de *poils* très fins (*fig.3*), que l'on ne distingue bien que chez les plantes ayant germé dans l'ouate ou la mousse humide.

5. La plante « boit » par sa racine.

Écrasons sur un papier blanc une partie quelconque d'une plante : racine tendre, jeune rameau, feuille ; le papier est mouillé. Tous les organes du végétal contiennent donc de l'eau.

C'est pour fournir cette eau aux légumes du jardin qu'en été on arrose les plates-bandes. Si copieux que soit cet arrosage, il n'empêche cependant pas de se flétrir et de sécher très vite une plante, une laitue, par exemple, dont la racine a été coupée par un ver blanc ou une taupe.

C'est donc par sa racine que la plante puise dans le sol l'eau qui lui est nécessaire. On a pu constater que c'est uniquement par les poils voisins de l'extrémité des radicelles que cette eau est absorbée : aussi les nomme-t-on *poils absorbants*.

Cette eau contient diverses substances qu'elle a dissoutes dans le sol et qui sont des aliments pour la plante : on la nomme *sève brute*.

De l'extrémité des racines, la sève brute s'écoule lentement jusqu'à la tige par de très fins conduits, les *vaisseaux*.

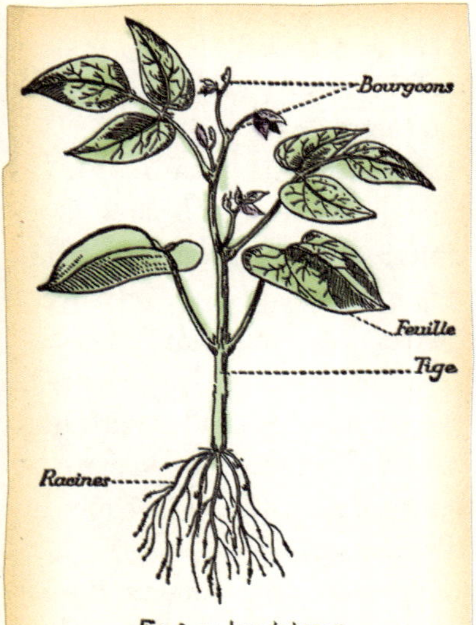

Fig. 4. — Tige de haricot.

LES TIGES

6. Le développement d'une tige de haricot.

Un haricot germé depuis quelques jours a une tige droite, verte, portant à son extrémité

deux feuilles étalées, entre lesquelles se trouve un petit bouton pointu, qu'on nomme un *œil*, ou un *bourgeon* (*fig.* 2). Puis ce bourgeon se développe en un rameau qui prolonge la tige et qui porte de nouvelles feuilles (fig. 4).
Entre chaque feuille et la tige se trouve un bourgeon qui, lui aussi, se transforme peu à peu en un rameau feuillé. Ainsi la tige grandit et se ramifie, chacun de ses rameaux se terminant toujours par un bourgeon et portant un bourgeon ou un rameau à l'aisselle de chacune des feuilles.

La tige a toujours des bourgeons, alors que la racine n'en a jamais.

Fig. 5. — Coupe d'un rameau de saule.

7. Un rameau de saule.
Grattons légèrement avec un canif un jeune rameau de saule : nous en détachons une peau grise, fragile, très mince : c'est *l'épiderme*.
Au-dessous apparaît une couche verte, l'*écorce* ; elle forme un manchon épais d'environ un demi-millimètre (*fig.* 5). Ce manchon recouvre le *bois*, cylindre blanc, au milieu duquel se trouve la *moelle*, très blanche et molle.
Écrasons le bois à coups de marteau : il se sépare en petits « paquets » que nous pouvons diviser en menus filaments résistants, les *fibres*. Ce sont les fibres qui donnent au bois sa rigidité.
En examinant au microscope l'extrémité coupée d'un jeune rameau, on y distingue les *vaisseaux* qui conduisent la sève.

8. Un tronc de chêne.
Le chêne vit pendant des siècles et sa tige grossit chaque année : on la nomme un tronc. Le tronc du chêne est recouvert par une écorce rugueuse, *crevassée*, qui, chez certaines espèces, peut atteindre 5 où 6 cm d'épaisseur. L'écorce comprend toujours à sa surface interne, une

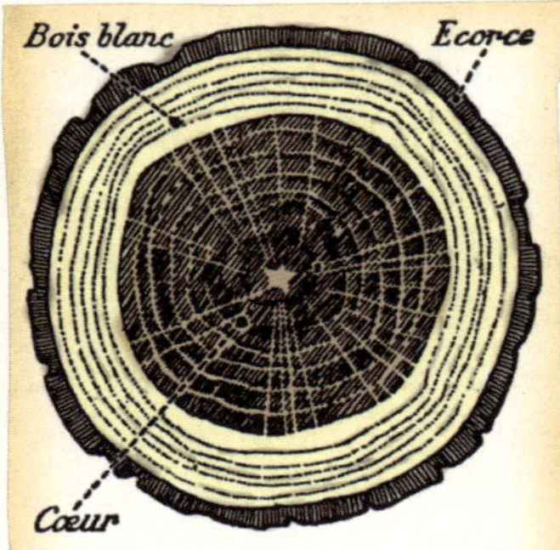

Fig. 6. — Coupe d'un tronc de chêne.

mince couche où circule la sève. Sur un tronc de chêne scié en travers, le bois apparaît d'un blanc jaunâtre à l'extérieur (*fig. 6*) : c'est le *bois blanc* ; d'une couleur plus foncée au centre : c'est le *cœur*, beaucoup plus dur que le bois blanc. Autour du centre, se dessinent de nombreux cercles concentriques : chacun d'eux marque la séparation entre le bois qui s'est formé une année et celui de l'année suivante : le nombre de cercles indique donc l'âge du tronc. Le bois est formé de *fibres* dures, très résistantes, entre lesquelles se trouvent des *vaisseaux*.

RÉSUMÉ

Une graine est une sorte de coffret contenant une plante en miniature, une plantule.
Par la germination, la plantule devient une plante qui possède une racine, une tige, des feuilles.
Par leurs poils absorbants, les racines puisent dans le sol de l'eau ayant dissous des substances qui sont les aliments de la plante : cette eau forme la sève brute.
La tige porte des feuilles et se termine par un bourgeon.
À la base de chaque feuille se trouve un bourgeon qui se transforme en rameau.
La tige d'un arbre est formée d'écorce et de bois ; le bois contient de nombreuses fibres et des vaisseaux où coule la sève.

Questionnaire

1. Décrivez un grain de haricot. – 2. Que voit-on quand on fait germer un haricot sur de la mousse humide ? – 3. Que deviennent les cotylédons ? – 4. Pourquoi la plante meurt-elle ensuite ? – 5. À quoi servent les poils absorbants ? – 6. Qu'est-ce que la sève brute ? – 7. Décrivez la tige d'un jeune haricot. – 8. Où se trouvent les bourgeons ? – 9. Dessinez la coupe d'un rameau de saule, d'une tige de chêne. – 10. Que sont les fibres, les vaisseaux ?

EXERCICES D'OBSERVATION ET DE REFLEXION

– *Que signifie l'expression : les graines lèvent ?*
– *Comparez les racines de deux jeunes haricots, l'un ayant germé sur la mousse humide, l'autre dans le sol. Quelles différences constatez-vous ? Comment les expliquez-vous ?*
– *Pourquoi soulève-t-on avec un déplantoir, au lieu de les arracher directement, les jeunes plants de salade, de chou, qu'on veut transplanter ?*
– *Quand vous sarclez une plate-bande, toutes les mauvaises herbes s'arrachent-elles avec la même facilité ? Essayez de comprendre pourquoi.*
– *Le pissenlit, la laitue, la carotte ont-ils une tige ?*
– *Fendez un poireau en long : où est sa tige ?*
– *Coupez en travers, puis en long une tige de blé ; que remarquez-vous ?*
– *Sur une planche de chêne, de hêtre, de peuplier, voyez ce qu'on appelle le « fil » du bois.*
– *Par quoi sont formés les nœuds du bois ?*
– *Que remarque-t-on sur le tronc d'un gros platane ?*

22 LES FEUILLES. LA NUTRITION DES PLANTES

LES FEUILLES

1. Les bourgeons.

Matériel

Des rameaux avec des bourgeons et des feuilles ; feuilles aussi nombreuses et variées que possible : peuplier, lilas, troène, ronce, lis ; pomme de terre ayant germé à l'obscurité ; divers fragments de végétaux ; verre avec eau de chaux ; cendres de végétaux ; vase plein d'eau.

Pendant l'hiver, la plupart des arbres de nos pays sont dépouillés et ne nous montrent que leurs branches nues. Cependant chacun de leurs rameaux a conservé de nombreux *bourgeons*. Un bourgeon de marronnier, par exemple (*fig.* I) est recouvert par des écailles brunes, coriaces, enduites d'une sorte de gomme sur laquelle glisse l'eau des pluies. Sous ces écailles sont enfermées de petites feuilles, étroitement plissées pour occuper le moins de place possible, se recouvrant l'une l'autre ; les plus centrales, à peine développées, sont réduites à une languette.

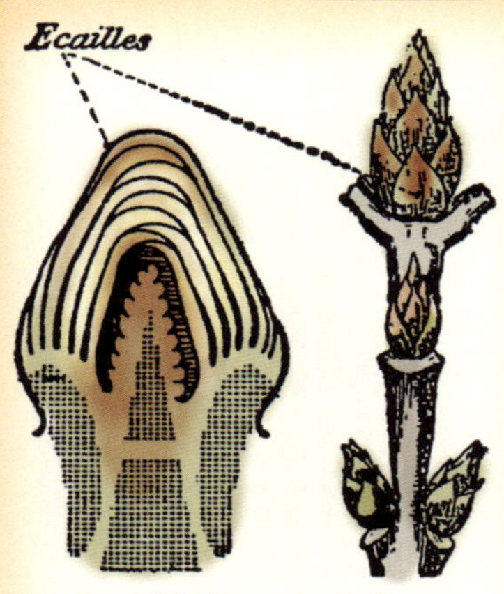

Fig. 1. — Un bourgeon de marronnier. A gauche, coupe grossie de ce bourgeon.

2. Développement des bourgeons.

Au printemps, le bourgeon grossit, la substance gommeuse qui le recouvrait se ramollit, les écailles s'écartent, puis tombent en laissant une cicatrice sur le rameau. Les feuilles extérieures s'étalent et grandissent, puis c'est au tour des feuilles situées immédiatement au-dessous, et ainsi de suite. La même transformation ayant lieu en même temps pour tous les bourgeons, l'arbre prend en quelques jours un aspect verdoyant.

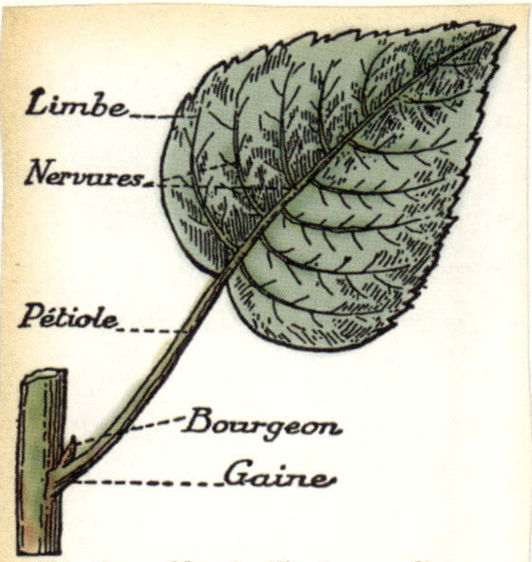

Fig. 2. — Une feuille de peuplier.

3. Les diverses parties de la feuille.

La feuille (*fig.* 2) est rattachée à la tige par sa queue, ou *pétiole*, dont le dessus est creusé sur toute sa longueur, d'une sorte de gouttière. À sa base, le pétiole s'élargit, formant une gaine qui parfois entoure complètement la tige. Un bourgeon se forme toujours au point d'attache du *pétiole*.

Le pétiole se continue par une lame très mince, vert foncé dessus, vert plus clair dessous, qui est le *limbe*. Le limbe est parcouru par des filets en relief, les nervures, mieux marquées à la face intérieure de la feuille. Chez beaucoup de plantes, une nervure principale prolonge le pétiole et traverse le limbe sur toute sa longueur ; il s'en détache des nervures secondaires qui se ramifient à leur tour. Dans d'autres, le *lis* par exemple, qui n'ont pas de pétiole, les nervures sont toutes d'égale importance. Elles partent de la base du limbe et sont sensiblement parallèles. Le réseau des nervures est visible par transparence ; il apparaît plus nettement encore sur une feuille exposée quelques mois sur le sol,

Fig. 3. — Les nervures d'une feuille.

et dont les parties molles ont disparu (*fig.* 3)
Les nervures sont constituées par les vaisseaux où coule la sève, qui prolongent ceux de la tige et de la racine.

4. La couleur verte des feuilles.

À l'intérieur du bourgeon, les petites feuilles ont une couleur très pâle. Regardons une pomme de terre qui a « germé » dans la cave : elle a formé une tige longue et mince, portant des feuilles menues et jaunâtres. Plaçons cette pomme de terre dans le sol du jardin, sans briser sa tige ; au bout de quelques jours, les feuilles ont grandi et ont pris la couleur verte habituelle : elle est due à de nombreux petits grains verts contenant une matière très importante, la *chlorophylle.*
Inversement, nous savons que les feuilles intérieures de la salade blanchissent quand le jardinier lie la salade ou la met à la cave.
La couleur verte des feuilles ne se forme et ne se conserve que si les feuilles sont exposées à la lumière.

5. La mort des feuilles.

Dans nos pays, la plupart des plantes perdent leurs feuilles à l'automne. Seuls, les arbres résineux, tels le pin, le sapin, dont les feuilles sont réduites à des aiguilles, et quelques arbustes aux feuilles dures et comme vernissées, tels le houx, le fusain, les conservent plusieurs années.
Pour les herbes, les plantes annuelles, les feuilles meurent en même temps que la tige. Les feuilles des arbres jaunissent, prennent des teintes variées d'or et de cuivre qui sont la beauté de nos forêts à l'automne, puis elles se détachent et jonchent le sol.

LA NUTRITION DES PLANTES

6. Les aliments de la plante.

Tous les organes de la plante contiennent de *l'eau.*
Enflammons un fragment de plante sèche et, pendant qu'il brûle, maintenons-le dans un verre contenant un peu d'eau de chaux ; agitons ensuite : l'eau de chaux se trouble, ce qui prouve la formation de gaz carbonique, et, par suite, la présence de carbone dans la plante. Tous

les organes végétaux, en effet, comprennent une très importante proportion de carbone. Enfin, la combustion de la plante laisse pour déchets des cendres dans lesquelles on a reconnu la présence d'*azote*, de *chaux*, de *potasse*, de *phosphates*. Pour qu'elle puisse grandir et former ses organes, *la plante doit donc absorber des aliments contenant* : 1° de l'eau, 2° du *carbone* ; 3° de l'*azote*, de la *chaux*, de la *potasse*, des *phosphates*.

7. Le ravitaillement en aliments.

a) Par la racine. La racine absorbe de l'eau dans le sol ; cette eau n'est pas pure, elle a dissous divers éléments, qui sont précisément l'azote, la chaux, la potasse et les phosphates. Le liquide ainsi composé forme la *sève brute*.

b) Par les feuilles. L'air contient une petite quantité de gaz carbonique, qui est un corps composé de carbone et d'oxygène. Les feuilles des végétaux ont la propriété très importante d'absorber ce gaz carbonique, de le décomposer, de garder le carbone qu'il contient et de rejeter l'oxygène.

Deux conditions sont indispensables pour que cette fonction s'accomplisse :

1° *Les feuilles doivent contenir de la chlorophylle* : elles n'en possèdent que si elles se sont développées à la lumière.

2° *Elles doivent être exposées à la lumière solaire* ; pendant la nuit, par conséquent, l'absorption de carbone et le rejet d'oxygène cessent complètement.

8. La transformation des aliments.

Nos aliments ne peuvent être absorbés qu'après avoir subi dans notre tube digestif des modifications profondes. De même, les aliments de la plante doivent subir des changements qui les rendent utilisables.

a) Transpiration. Un rameau feuillé peut être conservé longtemps frais si on garde le bout coupé dans l'eau d'un vase ; mais dès que l'eau vient à manquer, ses feuilles se flétrissent, se dessèchent (*fig.* 4).

C'est que, sans arrêt, les feuilles *transpirent* ; elles rejettent l'eau qu'elles contiennent en excès. Cette transpiration a pour effet de diminuer

Fig. 4. — Un rameau trempant dans l'eau reste longtemps vert; hors de l'eau, il se fane très vite.

considérablement le volume de la sève brute, et par suite de l'épaissir, de la condenser.

b) Respiration. Comme les animaux, la plante respire sans arrêt. Par tous ses organes, mais surtout par ses feuilles, elle puise de l'oxygène dans l'air qui la baigne ; cette oxygène vient se fixer sur les éléments de la sève, ou s'effectue alors une combustion lente comparable à celle qui se produit dans nos organes ; le gaz carbonique qui résulte de cette combustion est rejeté.

Remarquons que la *fonction chlorophyllienne et la respiration* paraissent s'opposer. Par la fonction chlorophyllienne, la plante absorbe le gaz carbonique de l'air et y rejette de l'oxygène. Par la respiration, la plante puise l'oxygène de l'air et rejette du gaz carbonique. Pendant la nuit, l'absorption du carbone étant suspendue, la respiration seule s'exerce ; pendant le jour, sous l'action de la lumière solaire, l'absorption de carbone est beaucoup plus intense que la respiration, et la quantité d'oxygène rejetée est bien plus considérable que celle qu'absorbe la respiration.

Donc, les plantes vertes rejettent, pendant le jour, de l'oxygène, et pendant la nuit, du gaz carbonique.

9. La sève, sang de la plante.

Notre sang recueille aux intestins les parties nutritives des aliments, dans les poumons l'oxygène, puis il est distribué par des vaisseaux à tous les organes.

Dans la plante, la *sève* joue un rôle tout à fait comparable à celui du sang. La sève brute est conduite par des vaisseaux des racines aux feuilles ; enrichie de carbone, concentrée par la transpiration, transformée par l'action de l'oxygène, elle devient la *sève élaborée* capable de nourrir la plante.

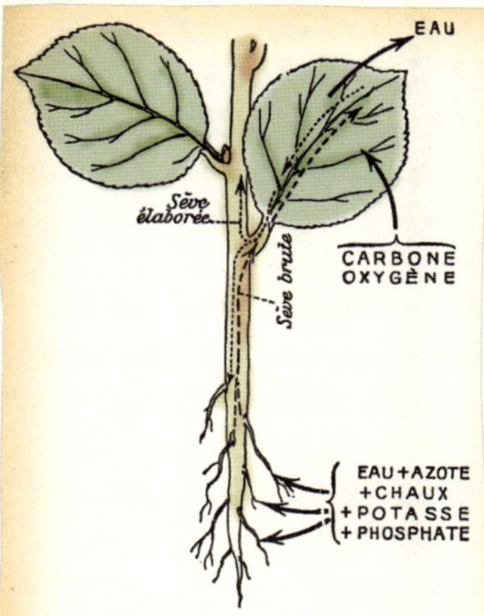

Fig. 5. — Comment la plante se nourrit.

Elle coule alors dans de nouveaux vaisseaux, beaucoup plus étroits que ceux où circulait la sève brute, et qui la conduisent dans toutes les parties de la plante (*fig. 5*).

10. L'utilisation des aliments.

Grâce à cet afflux de sève élaborée, la plante s'accroît : sa racine, sa tige grossissent et s'allongent, poussent de nouvelles radicelles, de nouveaux rameaux ; les fleurs se forment et s'épanouissent ; les fruits mûrissent. Dans la graine s'emmagasine la nourriture qui, à la germination, permettra à la jeune plante de grandir jusqu'à ce que ses organes soient assez développés pour qu'elle puisse se nourrir elle-même.

Pendant la période de pleine végétation, certaines plantes, comme la carotte, la betterave, la pomme de terre, etc., mettent en réserve dans leur racine, leur tige ou leurs feuilles une partie des aliments qu'elles absorbent. Ce sont ces réserves que nous utilisons pour notre nourriture.

RÉSUMÉ

- ☞ *Les feuilles proviennent du développement des bourgeons.*
- ☞ *La feuille comprend le pétiole et le limbe soutenu par des nervures.*
- ☞ *La couleur verte des feuilles, due à la chlorophylle, ne se forme et ne se conserve qu'à la lumière.*
- ☞ *La racine puise dans le sol de l'eau, de l'azote, de la chaux, de la potasse et des phosphates.*
- ☞ *À la lumière, les feuilles vertes décomposent le gaz carbonique de l'air et gardent le carbone.*
- ☞ *Les feuilles transpirent et respirent.*
- ☞ *Elles transforment ainsi la sève brute en sève élaborée.*
- ☞ *Celle-ci sert à la croissance de la plante et à la formation de réserves.*

EXERCICES D'OBSERVATION ET DE REFLEXION

– Coupez en long des bourgeons de diverses plantes ; dessinez ce que vous voyez.
– Suivez, au printemps, le développement d'un bourgeon que vous aurez bien repéré ; donne-t-il seulement des feuilles ?
– Au printemps, suivez le développement de divers arbres d'une forêt ; les premières feuilles qui apparaissent ont-elles toutes, au début, la même couleur ?
– À l'automne, notez avec le plus de précision possible les teintes que prennent les feuilles des principaux arbres de votre région.
– Connaissez-vous un arbre dont les feuilles jaunissent à l'automne et ne tombent qu'au printemps ?
– Coupez, au printemps, un rameau d'un arbuste ; que voyez-vous, peu de temps après, sur la blessure ?
– Après une longue période de sécheresse, coupez un rameau d'arbuste et essayez d'enlever son écorce. Arrosez copieusement l'arbuste. Le lendemain, coupez un autre rameau que vous écorcez ; que constatez-vous ? Comment pouvez-vous l'expliquer ?
– Enlevez un fragment d'écorce sur une branche d'arbre ; voyez comment se cicatrise la région blessée.
– Mesurez la hauteur d'un arbuste à l'automne, puis au début du printemps suivant ; l'arbuste a-t-il grandi pendant l'hiver ? Pourquoi ?
– Comment la plante utilise-t-elle les réserves d'aliments qu'elle constitue dans les tubercules, dans les bulbes ?

Questionnaire

1. Décrivez un bourgeon. – 2. Comment se développe-t-il ? – 3. Quelles sont les diverses parties de la feuille ? – 4. À quelle condition se forme la chlorophylle ? – 5. Combien de temps durent les feuilles ? – 6. De quels éléments la plante se nourrit-elle ? – 7. Lesquels de ces éléments proviennent du sol ? De l'air ? – 8. En quoi consiste la fonction chlorophyllienne ? – 9. La transpiration ? – 10. La respiration ? – 11. Comparez la fonction chlorophyllienne à la respiration. – 12. – Qu'appelle-t-on sève élaborée ?

23 La fleur

1. Les boutons.

> **Matériel**
>
> Nombreuses fleurs de haricot à divers états de leur développement : en bouton, épanouies, fanées ; une loupe ; échantillons de fleurs variées, en particulier de fleurs incomplètes.

Quand un pied de haricot a développé son appareil végétatif, on voit apparaître des *grappes* de boutons. De menues tiges, les *pédoncules*, se détachent à intervalles à peu près réguliers de certains rameaux vers leur extrémité. Chaque pédoncule se termine par un *bouton* arrondi, entièrement recouvert d'une enveloppe verte.

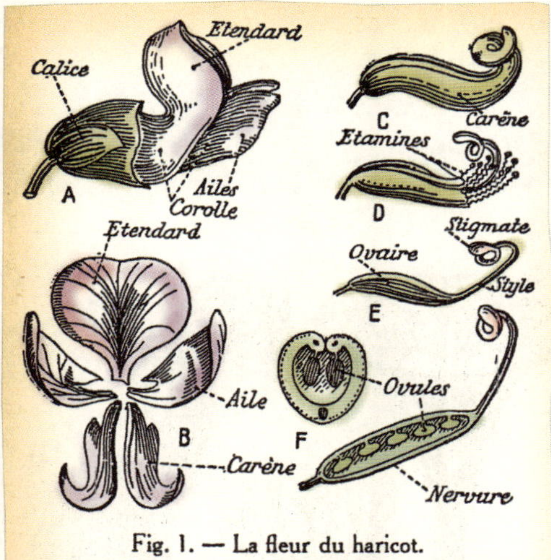

Fig. 1. — La fleur du haricot.
A : fleur vue de profil ; — B : corolle dont les pièces sont séparées ; — C : carène enveloppant les étamines et le pistil ; — D : les étamines entourant le pistil ; — E : le pistil ; — F : coupe en travers et coupe en long du pistil, montrant les ovules.

2. Les fleurs de haricot.

Bientôt les boutons éclosent. Leur enveloppe s'entrouvre à son extrémité, formant une sorte de coupe à 5 dents qui entoure la base de la fleur. Elle apparaît formée de 5 pièces vertes semblables à de menues feuilles, qui restent soudées à leur base (*fig.* I, A) ; chaque pièce est un sépale et la coupe est le *calice* de la fleur.

Du calice déborde la *corolle*, blanche, dont la forme rappelle un peu celle d'un papillon (*fig.* I, A) : on dit qu'elle est papilionacée. Elle est formée (fig. I, B) de 5 pièces séparées, les *pétales*. Le pétale supérieur, large, étalé, est *l'étendard* ; sur les côtés, deux pétales plus petits sont les *ailes* ; à la partie inferieure, deux pétales petits, légèrement soudés, simulent la *carène* d'un bateau (*fig.* I, C).

Cette carène protège les étamines (*fig.* I, D). Chaque étamine comprend un filament mince, le *filet*, qui se termine par une masse arrondie, *l'anthère*. Celle-ci est divisée en deux par un sillon et, à maturité, chaque moitié s'ouvre par une fente et laisse échapper une abondante poussière jaune, le *pollen*. La fleur du haricot compte 10 étamines, dont 9 ont leurs filets partiellement soudés, de façon à former une sorte de tube.

Dans ce tube est logé le *pistil* (*fig.* I, E). On y reconnaît l'*ovaire*, allongé, ayant la forme d'une gousse minuscule, prolongé par un *style* mince, enroulé à son extrémité, et terminé lui-même par un *stigmate* pelucheux et visqueux. Fendons un *ovaire* en long : nous y voyons (*fig.* I, F) de minuscules boules blanches, rangées le long d'un de ses bords : ce sont les *ovules*.

3. Diverses sortes de fleurs.

La forme des fleurs est extrêmement variée. La renoncule (*fig.* 2, I), la giroflée ont des pétales séparés les uns des autres et tous semblables.

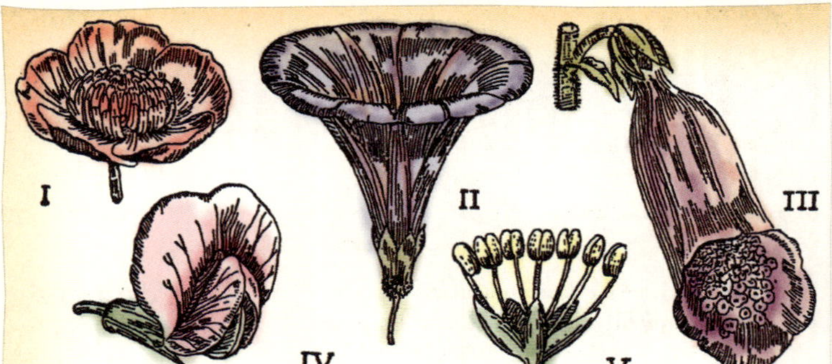

Fig. 2. — La forme des fleurs est très variée.
I. Renoncule; II. Liseron; III. Digitale; IV. Fleur de pois; V. Fleur de chêne.

Les pétales sont soudés plus ou moins complètement par leurs bords dans la fleur du liseron (*fig.* 2, II), de la digitale (*fig.* 2, III). La fleur du pois (*fig.* 2, IV), celle de la violette sont de formes irrégulières. Les fleurs du chêne (*fig.* 2 ,V), du chanvre n'ont pas de pétales.
Alors que la fleur de giroflée a six étamines, celle du pois en a dix, celle du lis six, celle du bouton d'or un très grand nombre.
Le pistil lui-même diffère beaucoup d'une plante à l'autre : tantôt allongé, tantôt en forme de globe, de bouteille, tantôt situé au-dessous du calice, tantôt au-dessus de la corolle.

Fig. 3. — Abeilles butinant sur des fleurs dont elles emportent le pollen qu'elles déposeront dans une autre fleur.

4. La pollinisation.

Les grains de pollen qui s'échappent des étamines ouvertes sont extrêmement abondants. Certains, en tombant, rencontrent l'un des poils du stigmate et sont retenus par le liquide visqueux qui enduit ces poils. D'autres peuvent, entraînés par le vent, tomber sur le stigmate d'une fleur voisine. D'autres, enfin, sont emportés par les insectes. En effet, des frelons, des abeilles visitent les fleurs pour y récolter du pollen et un liquide sucré, le nectar (*fig.* 3). Des grains de pollen s'accrochent aux poils que porte leur corps et, lors de la visite d'une autre fleur, ces grains peuvent être retenus par le stigmate. On donne le nom de *pollinisation* à ce transport du pollen sur un stigmate. Les horticulteurs pratiquent souvent la pollinisation artificielle pour obtenir des variétés nouvelles : en transportant le pollen d'une tulipe rouge sur le stigmate d'une tulipe blanche, on obtient des graines qui pourront donner des tulipes panachées de blanc et de rouge ; ces plantes nouvelles, provenant de deux parents de variétés différentes, se nomment des hybrides.

La pollinisation ne peut s'effectuer si, au moment de l'épanouissement des fleurs, il se produit des pluies abondantes et prolongées. La pluie entraîne les grains de pollen, lave les stigmates : on dit qu'il y a coulure.

5. La fécondation.

Le grain de pollen subit sur le stigmate de très importantes modifications. Il gonfle et pousse bientôt un tube microscopique qui s'enfonce dans le stigmate, puis dans le style, arrive dans l'ovaire et finit par atteindre un ovule, à l'intérieur duquel il pénètre (*fig. 4*) : l'ovule est fécondé.

Dans les conditions ordinaires, plusieurs grains de pollen arrivent sur chaque stigmate, et tous les ovules peuvent être *fécondés*.

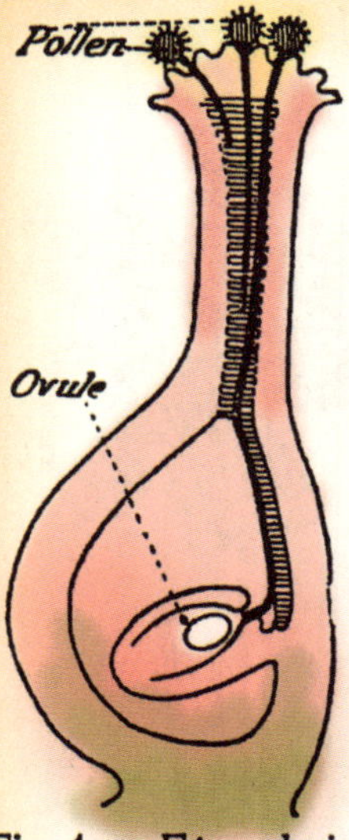

Fig. 4. — Fécondation d'un ovule.

Remarquer le tube poussé par un grain de pollen et atteignant un ovule.

6. La fleur fanée.

Puis la fleur se fane : pétales et étamines se flétrissent et tombent ; le stigmate du pistil se fane et disparaît. Le calice de la fleur de haricot demeure, mais les sépales se dessèchent ; l'ovaire va grossir et devenir un fruit.

Chez beaucoup de plantes, calice et corolle se fanent et tombent : ils n'ont servi qu'à *protéger*, notamment contre le froid, les parties internes de la fleur, étamines et pistil, qui sont très délicates.

7. Les fleurs d'ornement.

Plus encore que par la forme et la disposition de leurs pièces, les fleurs sont variées par leur coloris et leur parfum. Aussi utilise-t-on les fleurs dans l'ornementation des jardins, des parcs et des appartements. On peut faire de somptueux bouquets avec les modestes fleurs des champs. On les a d'ailleurs modifiées par la culture : l'églantine a donné d'innombrables variétés de roses ; le chrysanthème sauvage a fourni des milliers de variétés qui nous étonnent par la grosseur et les coloris de leurs fleurs ; les œillets, les tulipes, les jacinthes, les glaïeuls, les dahlias, si variés de coloris, sont la parure des jardins les plus modestes. La culture et le commerce des fleurs font la richesse de plusieurs régions de France.

8. D'autres utilisations des fleurs.

On retire des fleurs de délicats *parfums* : essences de rose, de jasmin, d'œillet, de violette, d'oranger, de muguet, etc.
La *médecine* utilise également de nombreuses fleurs, comme celles de tilleul, d'oranger, de bourrache, de camomille, etc.
Nous consommons même quelques fleurs : celles du chou-fleur par exemple, ainsi que la partie charnue des feuilles qui entourent l'énorme bouton de la fleur d'artichaut.

RÉSUMÉ

☞ *La fleur du haricot comprend :*

☞ *un calice formé de sépales verts, partiellement soudés ; une corolle, en forme de papillon, constituée par cinq pétales blancs, inégaux ;*

☞ *dix étamines comprenant chacune un filet et une anthère ; à maturité, l'anthère laisse échapper les grains de pollen ;*

☞ *un pistil dans lequel on distingue l'ovaire enfermant des ovules, le style et le stigmate.*

☞ *La forme des fleurs est infiniment variée ; certaines plantes ont des fleurs incomplètes.*

☞ *Lorsqu'un grain de pollen tombe sur un stigmate, il s'y développe et atteint un ovule qu'il féconde.*

EXERCICES D'OBSERVATION ET DE REFLEXION

– Recherchez des plantes dont les fleurs soient disposées sur la tige comme le sont celles du haricot.
– Suivez l'éclosion de diverses fleurs : pois, églantine, bouton d'or, etc. ; les sépales ont-ils toujours la même disposition ? Dessinez.
– Comparez les corolles de la renoncule, de la violette, du liseron, du lamier.
– Comparez le nombre et la disposition des étamines dans les fleurs de haricot, de giroflée, de fraisier, de pomme de terre, de lis.
– Un œillet cultivé, une rose ont-ils des étamines ?
– Comparez la disposition de l'ovaire par rapport au calice et à la corolle dans une fleur de pommier et une fleur de cerisier.
– Coupez en long et en travers des pistils de diverses fleurs. Voyez la disposition des ovules.

Questionnaire

1. Comment les boutons du haricot sont-ils disposés sur la tige ? – 2. Que se passe-t-il quand le bouton éclot ? – 3. Décrivez la corolle. – 4. Décrivez une étamine. – 5. Décrivez le pistil. – 6. Citez des fleurs incomplètes. – 7. Comment se produit la pollinisation ? – 8. En quoi consiste la fécondation ?– 9. Du pollen de haricot peut-il féconder des ovules de pois ? –10. Que deviennent après la fécondation les divers organes de la fleur ?

24 Le fruit et la graine

Matériel

Nombreux échantillons de fruits secs et de fruits charnus (à noyau, à pépins, baies), et de graines (haricot, pois, blé, etc.).

1. Le fruit.

Abondamment nourri par la sève qui y provient en abondance, l'ovaire de la fleur de haricot devient bientôt une *gousse* : c'est le haricot vert. Les ovules grossissent également, formant des boules allongées qui dessinent des bosses à la surface de la gousse : ce sont les graines.

Puis les parois de la gousse durcissent, se dessèchent, enfin jaunissent. Les graines durcissent à leur tour, elles deviennent mûres. Si à ce moment, la gousse n'est pas cueillie, elle s'ouvre (*fig.* I) par deux fentes opposées, les deux faces se recroquevillent, les graines se détachent et tombent.

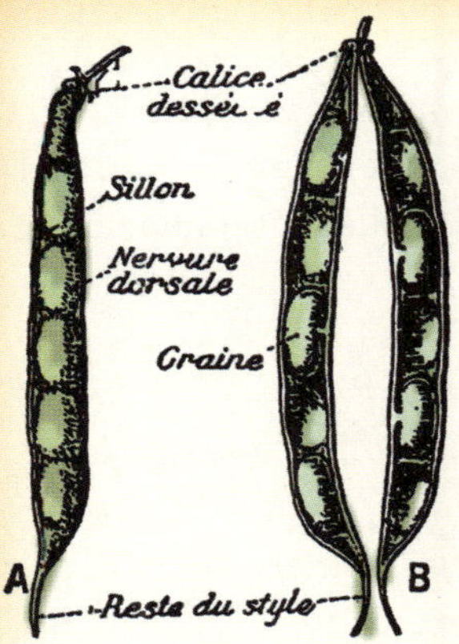

Fig. 1. — La gousse du haricot.

En B, la gousse ouverte montre la disposition et l'insertion des graines.

Le fruit du haricot est un *fruit sec* qui s'ouvre à maturité.

2. D'autres fruits.

a) Fruits secs. Le fruit de la giroflée (*fig.* 2, A) ressemble à celui du haricot, mais il s'ouvre par quatre fentes et les graines sont portées par une cloison médiane. Le fruit du pavot (*fig.* 2, B) s'ouvre par une série de petites lucarnes. La noisette (*fig.* 2, C) est également un fruit sec ;

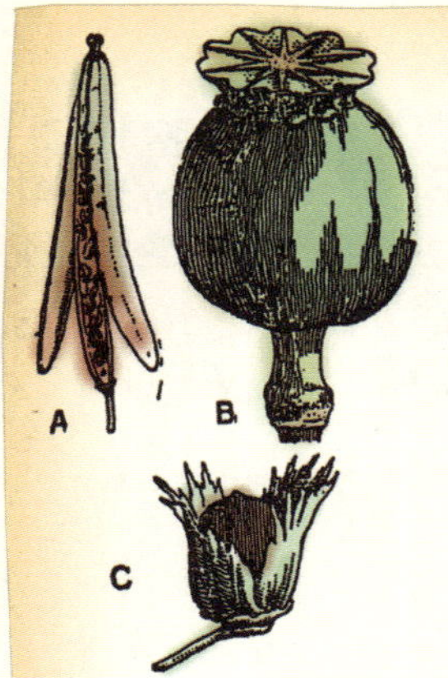

Fig. 2. — Quelques fruits secs.

A : fruit de la giroflée; — B : fruit du pavot (remarquer, sous la collerette, les petites ouvertures par lesquelles s'échappent les graines); — C : noisette (le fruit est enveloppé dans le calice).

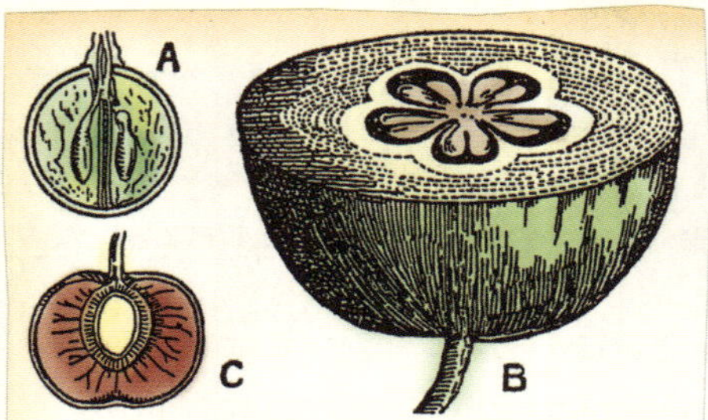

Fig. 3. — Coupe de quelques fruits charnus
A : Raisin; B · Pomme; C : Cerise.

mais elle ne s'ouvre pas ; en germant, la graine gonfle et la coquille éclate.

b) Fruits charnus. Les graines du raisin, les pépins, sont enrobées dans une chair juteuse et sucrée que protège une peau fine (*fig.* 3, A) : le raisin est une baie. La cerise a également une chair juteuse, mais celle-ci est séparée de la graine par un noyau de bois très dur (*fig.* 3, C) : c'est un fruit à noyau. Enfin, la pomme a des pépins comme le raisin, mais ceux-ci sont entourés d'une membrane coriace (*fig.* 3, B), moins dure que le noyau de la cerise : la pomme est un *fruit à pépins.*

3. Utilisation des fruits.

Nous consommons beaucoup de fruits comme desserts. Notre pays en produit un très grand nombre ; d'autres, comme les oranges, les dattes, les bananes, les ananas, etc., nous viennent des pays chauds. Quelques fruits sont consommés comme légumes ; par exemple, les haricots verts, la tomate, l'aubergine, le potiron, etc.

LES GRAINES

4. Constitution d'une graine.

Une graine de haricot est une sorte de coffret, formé par deux gros cotylédons que protège une enveloppe résistante et enfermant une *plantule.*

Toutes les graines, comme celle du haricot, enferment une plantule. Beaucoup possèdent deux cotylédons. Certaines, comme le grain de blé (*fig. 4*) n'en ont qu'un. La réserve de nourriture existe dans toutes les graines ; chez le haricot, elle est emmagasinée dans les cotylédons ; dans le grain de blé, elle forme une masse blanche, l'albumen, qui emplit presque toute la graine, alors que le cotylédon reste mince et plat.

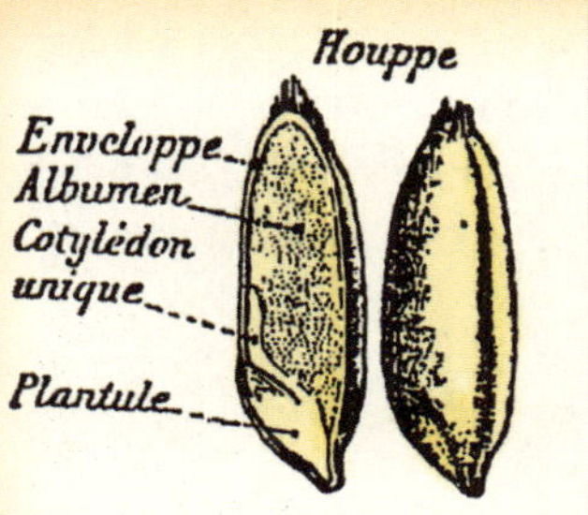

Fig. 4.— Un grain de blé. (A gauche, il est représenté coupé en long.)

5. Utilisation des graines.

À cause, précisément, de cette réserve de nourriture, beaucoup de graines nous fournissent d'excellents aliments.

Les graines du blé et de diverses céréales donnent la farine avec laquelle on fait le pain, les pâtes alimentaires ; le riz forme la base de la nourriture des peuples d'Extrême-Orient ; les graines de haricot, de pois, de lentilles, de fèves sont, à poids égal, plus nutritives que la viande. La châtaigne est un excellent aliment.

D'autres graines, comme les noisettes, les noix, les graines d'arachide ou « cacahuètes », fournissent de l'huile de table.

Les huiles de colza et d'œillette sont utilisées pour la fabrication des savons ; l'huile de lin est employée en *peinture*.

Les graines entrent aussi dans l'alimentation des animaux : l'avoine est l'aliment préféré du cheval ; l'orge, le riz, le maïs, le sarrasin servent à la nourriture des volailles.

6. La germination du haricot.

Dans la vie des plantes, le rôle des graines est de reproduire les végétaux qui les ont formées. Nous avons observé la germination de graines de haricots sur de l'ouate ou de la mousse humide : la plantule se développe et la jeune plante vit jusqu'à ce qu'elle ait épuisé les aliments contenus dans les cotylédons.

La germination se produit de la même façon quand la graine est semée dans le sol ; mais, alors, la plante continue de s'accroître après avoir absorbé la réserve de nourriture de la graine, parce qu'elle est devenue capable de puiser elle-même sa nourriture dans le sol et dans l'air par sa racine et ses feuilles.

Fig. 5. — La germination du blé. Le cotylédon n'est pas soulevé au-dessus du sol.

7. La germination du blé.

Des phénomènes analogues s'accomplissent dans la germination du blé (*fig.* 5). Mais le cotylédon n'est pas soulevé au-dessus du sol, il demeure dans la terre. Quand la germination est achevée, le cotylédon disparaît.

CONCLUSION :

La germination est la série des phénomènes par lesquels la plantule grandit, ramifie ses racines, développe ses feuilles à l'aide des matières nutritives que contient la graine.

8. Conditions nécessaires à la germination.

La graine doit être mûre. – Généralement la maturité de la graine coïncide avec celle du fruit.

La graine doit être en bon état. – Il ne faut pas qu'elle soit brisée, ou moisie, ou dévorée dans quelqu'une de ses parties.

La graine doit être vivante. – Après un certain temps, la graine meurt ; les graines trop âgées ne germent plus. Ainsi la durée extrême du pouvoir germinatif des graines de betterave, carotte, chou, fève, navet, radis, etc, serait de dix ans.

La chaleur est nécessaire. – Il est peu de graines qui germent au-dessous de 2° ; le lin germe à partir de 2°, le blé a 5°, le maïs a 7°. C'est de 25 à 30° que la germination est la plus rapide.

Fig. 6. — Les graines en germination dégagent du gaz carbonique.

L'*humidité est nécessaire.* – Pour germer, les graines exigent un sol humide ; si on les tient au sec, on les conserve indéfiniment. Mai l'eau ne doit pas être en excès, car si les graines sont noyées, elles pourrissent.

L'*air est nécessaire.* – Les graines en germination respirent activement ; une allumette enflammée, plongée dans un flacon où germent des graines (fig. 6), s'éteint sous l'action du gaz carbonique dégagé par leur respiration. Il ne faut donc pas enfouir les graines profondément dans le sol, car l'air leur manquerait.

En résumé, les conditions nécessaires à la germination sont les suivantes : graines vivantes, en bon état ; température convenable, air et humidité.

RÉSUMÉ

- ☞ Le fruit provient du développement du pistil d'une fleur. On distingue :
- ☞ 1° des fruits charnus, à noyau (cerise, pêche, prune), ou à pépins (raisin, pomme, poire, etc.) ;
- ☞ 2° des fruits secs (gousse de haricot, fruit du chou, etc.).
- ☞ Tous les fruits contiennent une ou plusieurs graines.
- ☞ La graine renferme une plantule et une réserve d'aliments.
- ☞ Une jeune graine, en bon état, germe si elle est maintenue à une température convenable, si elle a de l'air et une humidité suffisante.

EXERCICES D'OBSERVATION ET DE REFLEXION

– Où est situé le fruit de la pomme de terre ? Décrivez-le.
– Quels fruits consomme-t-on après les avoir fait sécher ?
– Faites germer un haricot. Dès que les cotylédons sont hors de terre, détachez-les : que devient le reste de la plante ?
– Observez le changement progressif d'aspect, de coloration, de consistance et de volume des cotylédons d'un haricot qui germe.
– Dans des noisettes, des pépins de pommes ou de poires, des glands, des noix, recherchez la plantule et observez-la à la loupe.
– Mettez à germer des noyaux de cerise, ou de pêche, dans un coin du jardin : Voyez ce qu'ils deviennent quand la jeune plante sort de terre.
– Comment prépare-t-on une plate-bande avant d'y semer des graines de salade ou de carotte ? Que fait-on ensuite ? Pourquoi ?
– Quelles graines sème-t-on en automne ?

Questionnaire

1. D'où provient le fruit ? – 2. Comment classe-t-on les fruits ? –3. Décrivez un fruit charnu. – 4. Citez des fruits secs. – 5. Que renferme une graine ? – 6. Que sont les cotylédons ? – 7. À quoi est destinée la réserve de nourriture de la graine ? – 8. Quels produits nous fournissent les graines ? – 9. Que faut-il pour qu'une graine germe ?

25 La giroflée, la renoncule

> *Matériel*
>
> Pieds fleuris de giroflée ; nombreuses grappes en cours de floraison ; fruits et graines de giroflée ; échantillons de choux, radis, navets, raves ; fleurs et fruits de lunaire ; plusieurs pieds fleuris de renoncule, de ficaire ; racines, fleurs et fruits d'anémone, de clématite, d'ancolie, d'aconit ; loupes.

LA GIROFLÉE

1. La plante.

La *giroflée*, ou carafée, est une jolie plante très rustique, qui se plaît sur les ruines et les vieilles murailles. Elle pousse abondamment dans les jardins, où on la cultive pour la beauté et le parfum de ses fleurs. Elle a (*fig.* I) une racine principale bien développée, ou *pivot*, qui porte des rangées de radicelles plus fines : c'est une *racine pivotante.* Sa tige, à peu près ronde, de consistance ferme, présente quelques arêtes saillantes, et s'élève verticalement. Ses feuilles allongées, un peu charnues, sont insérées isolément sur la tige ; elles n'ont pas de pétiole, et leurs nervures sont peu marquées.

Fig. 1. — Un pied de giroflée fleuri.

La base de la tige est épaissie et dure comme du bois : c'est une *souche ligneuse.*

2. Les fleurs.

Elles sont fixées sur la tige par de courts pédoncules, et sont disposées en une *grappe* (*fig.* I) assez fournie. Elles s'ouvrent les unes après les autres, de sorte qu'il n'est pas rare de trouver sur une tige les fleurs terminales en boutons alors que les fleurs moyennes sont épanouies et que les plus proches de la racine sont fanées ou même ont déjà produit des fruits.

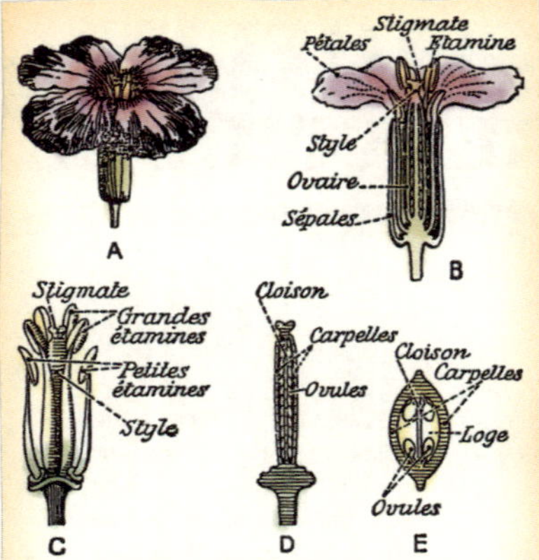

Fig. 2. — La fleur de giroflée.
A : aspect extérieur, montrant la disposition des pétales en croix; — B : fleur coupée en long; — C : étamines entourant le pistil; — D : pistil coupé en long; — E : pistil coupé en travers, montrant la disposition des ovules dans les deux carpelles qui forment l'ovaire.

La fleur (*fig.* 2, A) a une disposition bien particulière. Le *calice* est forme de 4 sépales complètement séparés, dont 2 présentent un renflement à leur base (*fig.* 2, B). La *corolle* comprend 4 pétales d'une belle couleur brune ou jaune d'or ; ces pétales sont égaux, séparés l'un de l'autre, étalés de façon à dessiner une croix à 4 branches ; de là le nom de *Crucifères* donné aux plantes dont la fleur présente la même disposition.

La fleur possède en outre 6 *étamines* (*fig.* 2, C) dont les deux situées en face des sépales renflés sont un peu plus *courtes*, et un pistil séparé en deux loges par une cloison médiane : il est formé de deux parties soudées, nommées *carpelles* (*fig.* 2, D et E). Quatre rangées d'ovules sont disposées le long de la cloison.

3. Le fruit.

Il ressemble à la gousse du haricot. Mais entre ses deux valves est logée une cloison qui porte à chacun de ses bords deux rangées de graines. C'est donc par quatre fentes que s'ouvre le fruit (voir p. 293, *fig.* 2, A). La graine, de forme aplatie, comprend un tégument jaunâtre recouvrant une plantule et deux cotylédons épais.

4. La vie de la giroflée.

Pendant la première année de sa vie, la giroflée ne fleurit pas. À l'automne, les parties aériennes disparaissent, mais les organes enfouies dans le sol restent vivants et, au printemps suivant, reforment une tige qui fleurit. Au second automne, la giroflée, en général, meurt entièrement : c'est une *plante bisannuelle*. La giroflée sauvage reste vivante dans ses parties souterraines et peut, pendant plusieurs années, reformer des fleurs : c'est une *plante vivace*.

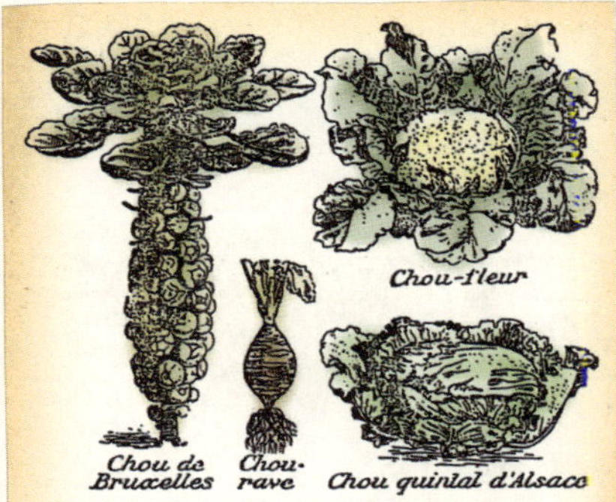

Fig. 3. — Quelques variétés de choux.

5. Plantes voisines.

Le *chou* sauvage n'est pas rare sur tout notre littoral. Ses fleurs, blanches ou jaunâtres, disposées en une belle grappe, ressemblent beaucoup à celles de la giroflée. La culture a profondément modifié le chou, dont les variétés (*fig.* 3) sont extrêmement nombreuses. On consomme tantôt la « pomme » du chou qui n'est autre que le bourgeon terminal devenu énorme, tantôt les petits bourgeons de l'aisselle des feuilles, dans le chou de Bruxelles, tantôt les fleurs. Parfois la tige renflée est comestible : c'est le chou-rave.

Dans des plantes voisines, comme le *radis*, le *navet*, la *rave*, les racines se sont gorgées de matières nutritives, utilisables pour l'homme ou le bétail : ce sont des *racines tuberculeuses*.

Le *cresson* de fontaine, cultivé dans des cressonnières où de l'eau claire circule lentement, est consommé en salade ou en assaisonnement.

La *corbeille* d'or, la *lunaire*, nommée souvent « monnaie du pape » à cause de ses fruits qui ont la forme d'une pièce de monnaie, sont des plantes ornementales.

LA RENONCULE

6. La plante.

La *renoncule* ou *bouton d'or* (*fig.* 4) est commune au bord des fossés, dans les prairies humides. C'est une herbe dont la racine comprend un faisceau de radicelles de même grosseur : elle est *fasciculée*. Sa tige élancée est ramifiée. Des feuilles à limbe profondément

Fig. 4. — La renoncule ou bouton d'or.

découpé sont disposées en bouquet à la base de la tige ; d'autres feuilles plus petites sont insérées sur les rameaux.

7. La fleur et le fruit.

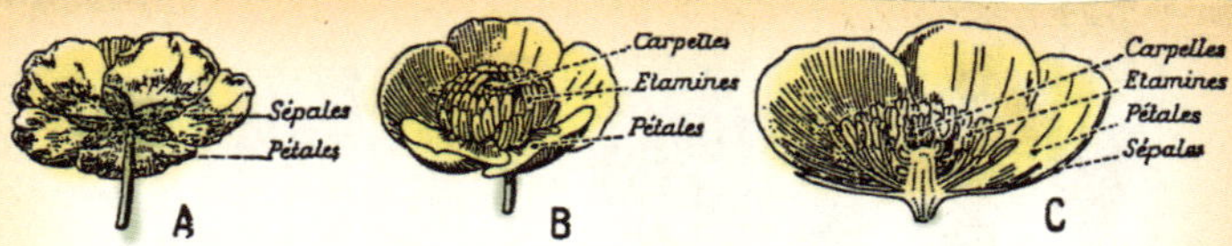

Fig. 5. — Fleur de bouton d'or.
A : vue de dessous, montrant le calice; — B : vue de dessus, montrant les étamines qui s'ouvrent vers l'extérieur; — C : coupe en long, montrant la disposition des étamines et des carpelles sur un prolongement du pédoncule, ou *réceptacle*.

Chaque fleur est portée par un court pédoncule qui naît à l'aisselle d'une feuille réduite. On y distingue (*fig.* 5) :
1° Cinq *sépales* finement velus, entièrement séparés.
2° Cinq pétales d'un beau jaune d'or, luisant ; à la partie rétrécie de sa base, chaque pétale porte une languette produisant un liquide sucré, le *nectar.*
3° De nombreuses étamines dont les anthères sont tournées vers l'extérieur de la fleur.
4° Un pistil formé de nombreuses pièces vertes distinctes les unes des autres, les *carpelles.* Chaque carpelle comprend un ovaire contenant un seul ovule, un style que termine un stigmate en forme de petit bouton.
En raison de la disposition des étamines, qui s'ouvrent vers l'extérieur, à l'opposé des carpelles, le pollen ne peut tomber directement sur les stigmates ; la pollinisation a lieu par les insectes.
Chaque carpelle devient ensuite un fruit sec, qui ne s'ouvre pas et enferme une seule graine, très petite. La renoncule contient des principes vénéneux qui la rendent dangereuse pour les bestiaux, quand elle est verte ; desséchée, elle est inoffensive.

8. Plantes voisines.

Beaucoup de plantes ressemblent à la renoncule en ce que leurs fleurs ont de nombreuses étamines aux anthères tournées vers

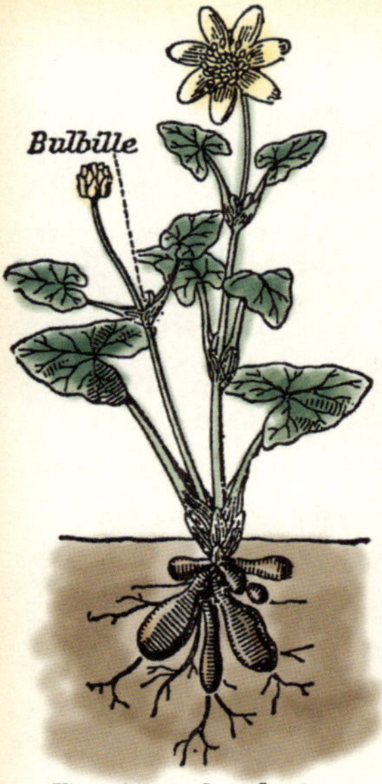

Fig. 6. — La ficaire.
Remarquer les radicelles tuberculeuses, les bulbilles à l'aisselle des feuilles.

l'extérieur, et un pistil forme de nombreux carpelles ; elles composent la famille des *Renonculacées*. La ficaire ressemble à la renoncule, mais ses feuilles sont moins découpées. Elle fleurit dès mars dans les pelouses et les bois humides.

La fleur n'a que trois sépales, souvent colorés en jaune comme les pétales, qui sont au nombre de six à neuf (*fig.* 6).

La *ficaire* se reproduit souvent par *bulbilles* (*fig.* 6), sortes de gros bourgeons arrondis, blanchâtres, qui se forment à l'aisselle de certaines feuilles et tombent à l'automne. Ils passent l'hiver sur le sol, et à la belle saison, poussent des racines et forment une nouvelle plante.

L'*anémone des bois* (*fig.* 7) possède une longue tige souterraine ; sa fleur est dépourvue de pétales, mais les sépales ont une couleur blanc rosé.

La *clématite* (*fig.* 8), commune dans nos haies, possède 4 sépales mais pas de pétales. Les fleurs de l'*ancolie* (*fig.* 9) comprennent 5 sépales et 5 pétales joliment prolongés à leur base en éperons recourbés.

L'*aconit* est une plante des montagnes, que l'on cultive aussi dans les jardins à cause de la beauté de ses fleurs. Il contient un poison, l'aconitine, employé à très faible dose en médecine.

Fig. 7.
L'anémone des bois.

Fig. 8.
Fleur et fruit de clématite.

Fig. 9.
Rameau fleuri d'ancolie.

RÉSUMÉ

☞ *La giroflée vit à l'état sauvage, ou bien est cultivée comme plante ornementale.*

☞ *Sa fleur comprend 4 sépales verts, 4 pétales colorés étales en croix, 6 étamines dont deux courtes, un pistil contenant de nombreux ovules. Le fruit diffère de la gousse en ce qu'une lame portant les graines s'intercale entre les valves.*

☞ *Le chou, le radis, le navet, le cresson ont des fleurs disposées comme celles de la giroflée ; ils appartiennent à la famille des* Crucifères.

☞ *La renoncule est une mauvaise herbe des prés humides.*

☞ *Sa fleur comprend 5 sépales verts, 5 pétales jaune d'or, de nombreuses étamines aux anthères tournées en dehors, un pistil formé de nombreux carpelles.*

☞ *Ses fruits secs, ne s'ouvrant pas, ont chacun une graine.*

☞ *La ficaire, l'anémone, la clématite, l'ancolie, l'aconit appartiennent aussi à la famille des* Renonculacées.

EXERCICES D'OBSERVATION ET DE REFLEXION

– Dessinez, en couleurs, une grappe fleurie de giroflée.
– Recueillez des fleurs des plantes étudiées dans la leçon ; fendez-les en long ; dessinez les coupes obtenues.
– Comparez le fruit de la giroflée à celui de la lunaire (monnaie du pape).
– Avez-vous vu reproduire des giroflées autrement que par ensemencement des graines ?
– Recherchez l'emplacement des poches à nectar dans la fleur de giroflée et dans la fleur de renoncule.
– Comparez la forme des feuilles de la renoncule âcre, ou bouton d'or, à celle des feuilles de la renoncule aquatique.
– Déterrez avec précaution un pied de renoncule, un pied d'anémone, un pied d'ancolie ; lavez-les pour bien dégager leurs parties souterraines ; celles-ci sont-elles constituées uniquement par les racines ?

Questionnaire

1. Décrivez un pied de giroflée. – 2. Comment la fleur de giroflée est-elle constituée ? – 3. Décrivez le fruit et la graine. – 4. Citez des plantes appartenant à la même famille que la giroflée. – 5. Décrivez un pied de renoncule. –6. Quels caractères particuliers présente la fleur de renoncule ? – 7. Que savez vous de la ficaire ? – 8. Quels sont les caractères de la famille des renonculacées ? – 9. Citez des plantes appartenant à cette famille.

26 LE FRAISIER, L'ÉGLANTIER, LE CERISIER

LE FRAISIER

1. La plante.

> *Matériel*
>
> Pied entier de fraisier, avec coulants ; fleurs et fruits de fraisier ; loupes ; rameaux fleuris de ronce, de framboisier ; un rameau fleuri d'églantier ; de faux fruits d'églantier ; quelques roses ; rameaux fleuris des principaux arbres fruitiers.

Le fraisier est cultivé dans les jardins, mais on le rencontre fréquemment dans les bois, dans les lieux herbeux.

Il possède une courte tige souterraine (*fig.* I), qu'on nomme un *rhizome*, de laquelle se détachent les racines. À la surface du sol, cette tige porte une couronne de feuilles au long pétiole, chacune composée de trois folioles et comprenant deux minces lames vertes, les stipules, à la base du pétiole (*fig.* 2).

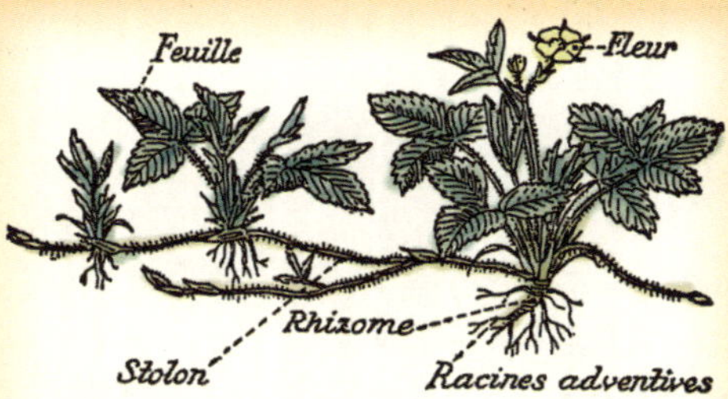

Fig. 1. — Un pied de fraisier et ses stolons donnant de nouveaux pieds.

Certains des bourgeons se développent en un rameau mince, non feuillu, qui, trop peu résistant pour se tenir dressé en l'air, reste couché à terre : c'est un *coulant* ou *stolon*. Bientôt son extrémité se redresse, pousse des feuilles et des racines et forme ainsi une

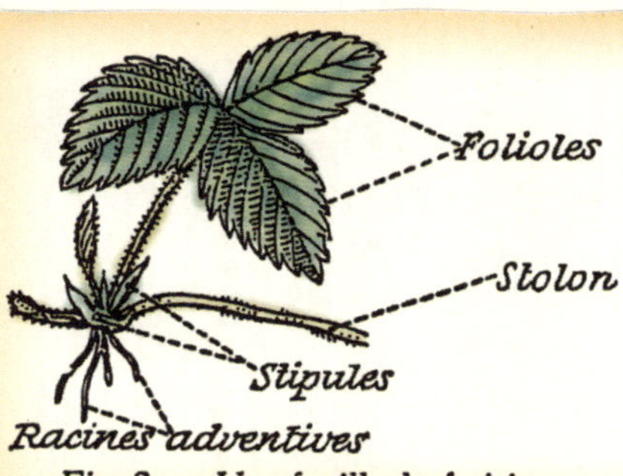

Fig. 2. — Une feuille de fraisier.

nouvelle plante de laquelle vont partir de nouveaux coulants (*fig.* I) : en une seule saison, un pied de fraisier peut produire trente ou quarante plants bien enracinés qui, à la fin de l'été, se séparent de la plante mère par destruction des coulants.

2. La fleur.

Le fraisier fleurit dès avril ; ses fleurs sont disposées en grappes peu fournies. Chaque fleur comprend :

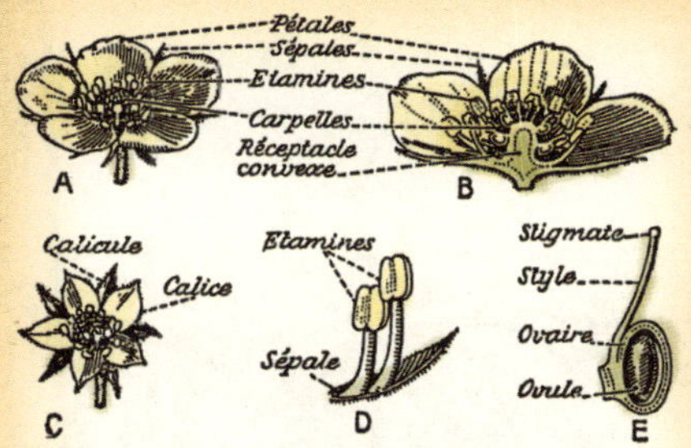

Fig. 3. — Une fleur de fraisier

A : aspect extérieur; — B : coupe en long, montrant le réceptacle qui deviendra la fraise; — C : calice et calicule; — D : étamines insérées sur un sépale; — E : un carpelle coupé en long, montrant l'ovule

a) un *calice* à 5 sépales, doublé en dessous d'une collerette à 5 pointes qui forme comme un second calice, le *calicule* (*fig.* 3, C).

b) Une *corolle* à 5 pétales blancs, largement étalés en rosace (*fig.* 3, A *et* B), d'où le nom de Rosacées donné aux plantes dont la corolle présente la même disposition.

c) De nombreuses *étamines* fixées sur les sépales (*fig.* 3, B *et* D) ; on ne peut arracher un sépale sans entraîner en même temps les étamines qu'il porte.

d) De nombreux *carpelles* très petits, chacun contenant un seul ovule (*fig.* 3, E), groupés sur une masse arrondie, le réceptacle, constituée par l'extrémité du pédoncule de la fleur (*fig.* 3, B).

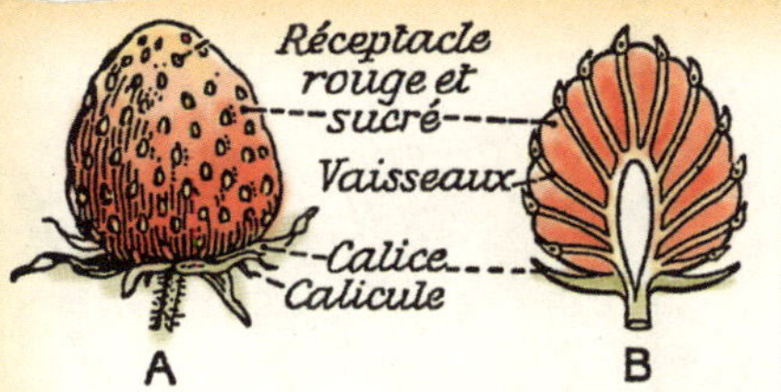

Fig. 4. — Une fraise

A : aspect extérieur; — B : coupe, montrant les vaisseaux qui conduisent la sève aux graines

3. La fraise.

Après la fécondation, la corolle et les étamines se fanent, mais le calice et le calicule persistent ; le réceptacle grossit, se colore d'un beau rouge, se gorge d'un liquide sucré et parfumé, et devient la *fraise* (*fig.* 4). Celle-ci ne provient donc pas du développement d'un ovaire : c'est un faux fruit. À sa surface, enchâssés dans sa masse, sont de petits grains secs contenant chacun une graine ; ce sont les fruits véritables.

On distingue les *fraises des bois* à la chair sèche, mais très parfumée, et les *fraises juteuses*, très grosses, au parfum moins marqué. La culture du fraisier en serre permet d'obtenir des fruits très précoces.

Fig. 5.
Rameau de framboisier avec fruits

4. Plantes voisines.

La *ronce*, qui se multiplie rapidement comme le fraisier, par enracinement des rameaux, envahit les champs laissés à l'abandon. Son fruit, la *mûre*, sert à préparer des confitures.

Une espèce de ronce, le framboisier (*fig.* 5), donne des fruits délicieusement parfumés.

L'ÉGLANTIER

5. La plante.

C'est un arbrisseau fréquent dans nos haies, où il forme des buissons impénétrables. Ses tiges, rouges à la sortie du sol, puis passant graduellement au vert foncé, sont armées d'aiguillons acérés, recourbés vers le bas, jouant le rôle de harpons qui permettent à la tige de s'élever à travers les broussailles, mais qui l'empêchent ensuite de retomber.

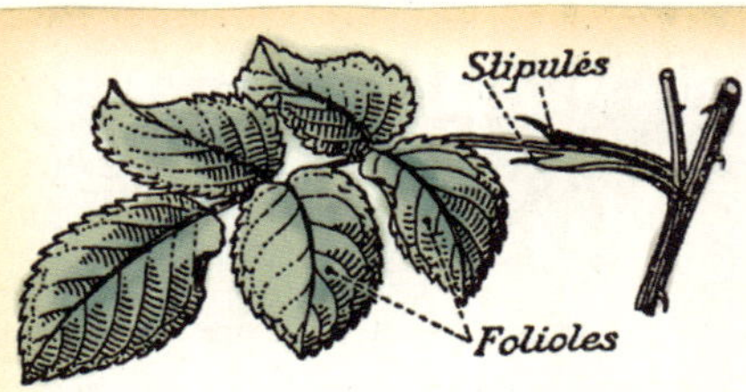

Fig. 6.
Feuille composée de l'églantier

La feuille (*fig.* 6) est composée de 5 ou 7 folioles ; la base du pétiole est en outre garnie de deux stipules longues et minces.

Fig. 7.
Un rameau fleuri d'églantier

6. La fleur.

L'églantier fleurit de juin à novembre (*fig.* 7). Sa fleur, aux pétales blanc rose d'une exquise fraicheur, ressemble à celle du fraisier. Elle en diffère par les caractères suivants :

a) Le calice, à 5 sépales, n'est pas doublé d'un calicule.

b) Le réceptacle, au lieu d'être renflé, forme une coupe creuse, profonde, et c'est à l'intérieur de cette coupe que sont logés les carpelles (fig. 8, A).

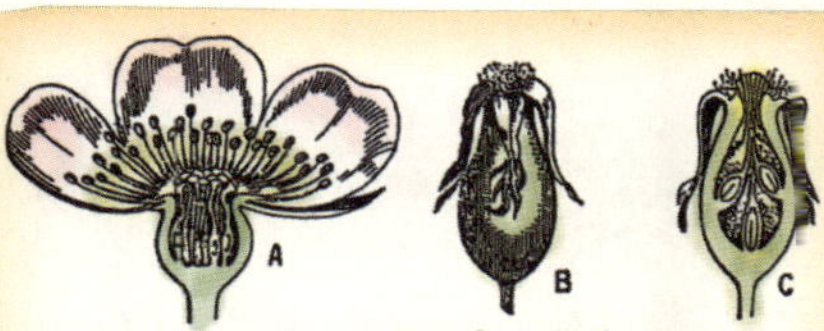

Fig 8. — Fleur et faux fruit d'églantier.
A : fleur coupée en long montrant le réceptacle creux et les carpelles ; — B : faux fruit ; — C : coupe en long montrant les fruits.

7. Le faux fruit.

Après la fécondation, les pétales et les étamines tombent, les sépales se dessèchent. Chaque carpelle donne un fruit sec, couvert de poils. Mais la coupe elle-même se développe, devient charnue, prend une belle couleur rouge corail (*fig.* 8, B *et* C) : comme la fraise, c'est un *faux fruit.*

8. La rose.

Si l'on cultive un églantier dans un jardin abondamment fumé, ses fleurs subissent de curieuses modifications : un certain nombre

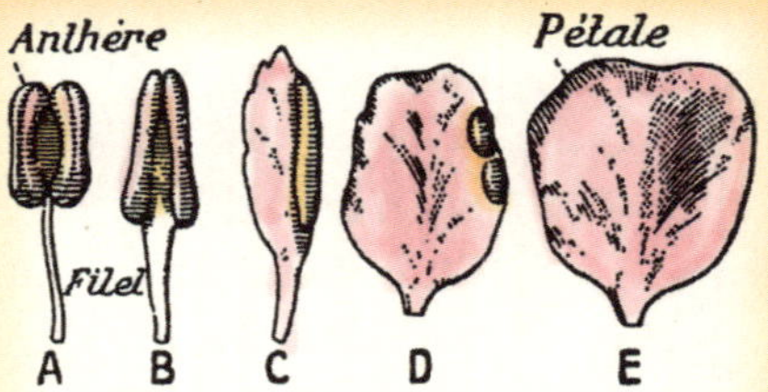

Fig. 9. — Transformation progressive des étamines de la rose en pétales.

Fig. 10. — Rameau de rosier avec fleurs.

de leurs étamines se transforment en *pétales* (*fig.* 9) ; la fleur obtenue est *double*, l'églantine est devenue la *rose*. Des procédés de culture minutieuse, en particulier la fécondation du pistil d'une variété avec le pollen d'une variété différente, ont permis de multiplier par centaines les variétés de rosiers. La rose (*fig.* 10), par l'élégance de sa forme, la fraîcheur de son coloris, la suavité de son parfum, est la reine de nos fleurs, et c'est un splendide décor qu'offrent les roseraies où l'on réunit la plupart des variétés.

LE CERISIER

9. La plante.

Le cerisier *sauvage* ou *merisier* est un arbre pouvant atteindre 20 mètres de haut, que l'on trouve communément dans nos bois. Ses racines sont peu profondes ; sa tige élancée porte des rameaux disposés par groupes à diverses hauteurs. Son écorce est lisse et satinée. Son bois brun clair, au grain serré, se polit bien et est très sonore ; aussi l'utilise-t-on en ébénisterie et pour la confection de caisses de violons.

10. La fleur.

Les fleurs sont disposées par groupes de 2 à 6 se détachant du même niveau d'un rameau (*fig.* 11). On y retrouve, comme chez le fraisier

Fig. 11. — Rameau fleuri de merisier.

et l'églantier, la forme de la corolle en rosace.
Chaque fleur comprend 5 sépales verts, 5 pétales blancs, de nombreuses étamines, mais un seul carpelle à deux ovules, dont un seul se développe.

11. Le fruit.
Après la fécondation, toutes les parties de la fleur, sauf le carpelle, se flétrissent et tombent. L'ovaire grossit et se transforme en un fruit charnu contenant un noyau qui entoure la graine.
La culture a permis d'obtenir des fruits juteux, parfumés, dont les variétés *bigarreaux, guignes sont très appréciées.*

12. Les fruitiers à noyau.
Le *prunier* ne dépasse guère 8 mètres de haut. Ses fruits sont consommés frais (reine-claude), en confiture (mirabelle) ou desséchés (pruneaux d'Ente ou d'Agen). Le *pêcher* fournit l'un de nos plus beaux fruits de table, au noyau rugueux.

Fig. 12. — Rameau fleuri de pommier.

L'*abricotier* donne un fruit moins juteux, mais très parfumé, au noyau lisse.
L'*amandier* fournit l'*amande* dont la chair n'est pas comestible, mais dont le noyau enferme une graine volumineuse, très nutritive.

13. Les fruitiers à pépins.
Le type en est le pommier,

dont la fleur (*fig. 12*) diffère de celle du cerisier en ce qu'elle possède 5 carpelles à 2 ovules logés dans un ovaire dont la forme esquisse déjà celle de la pomme.

Le fruit (*fig. 13*) comprend une peau, une chair ferme, juteuse, et une sorte de noyau parcheminé creuse de 5 loges contenant chacune 2 graines ou pépins.

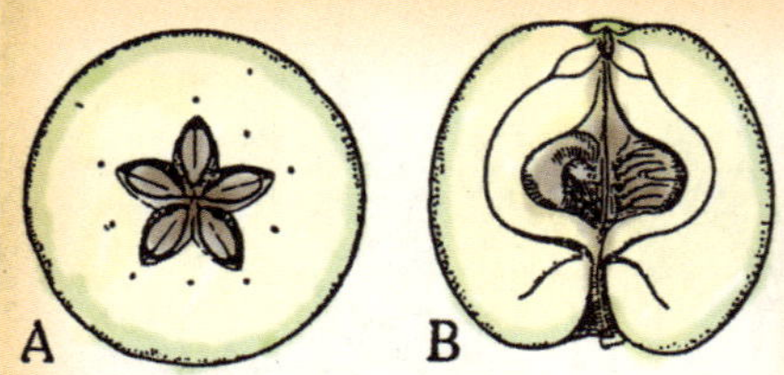

Fig. 13. — Coupe d'une pomme.

A : coupe en travers, montrant les 5 loges renfermant chacune deux pépins; les points situés à l'extérieur représentent la coupure des vaisseaux nourriciers; — B : coupe en long, montrant ces vaisseaux.

Les pommes douces sont d'excellents fruits de table, dont on peut faire aussi des compotes, des gelées. Les pommes acerbes ne sont pas comestibles ; mais, mélangées en proportions convenables avec les pommes douces, elles fournissent un jus sucré qui, en fermentant, devient du cidre. La distillation du cidre donne une eau-de-vie nommée calvados.

Le bois du pommier, dur et serré, se polit bien : on en fait des meubles, et surtout des outils, tels que des rabots.

Le *poirier* fournit la poire dont la chair présente souvent de petits grains durs. Certaines variétés sont particulièrement recherchées pour leur saveur et leur parfum.

Le *cognassier* donne le coing dont on fait des confitures et du sirop.

RÉSUMÉ

- *La fleur du fraisier comprend un calice de 5 sépales doublé d'un calicule, une corolle de 5 sépales étalés en rosace, de nombreuses étamines fixées aux sépales, un grand nombre de carpelles portés par l'extrémité renflée du pédoncule de la fleur, le réceptacle.*
- *Le développement du réceptacle donne la fraise, portant à sa surface les véritables fruits.*
- *Dans l'églantine, les carpelles sont à l'intérieur d'une coupe formée par le réceptacle.*

☞ *La fleur du cerisier n'a qu'un carpelle ; son développement fournit la cerise, type des fruits à noyau.*

☞ *La prune, la pêche, l'abricot, l'amande, sont d'autres fruits à noyau.*

☞ *La pomme, la poire, le coing sont des fruits à pépins.*

☞ *Toutes ces plantes appartiennent à la famille des Rosacées.*

EXERCICES D'OBSEVATION ET DE REFLEXION

– Obtient-on une plantation de fraisiers en semant des graines ? Comment procède-t-on ?

– Le jardinier détruit la plupart des coulants que forment les fraisiers cultivé. Pourquoi ?

– Comparez la grosseur, la forme et la saveur d'une fraise sauvage et d'une fraise cultivée.

– Comparez une fraise et une mûre. La mûre est-elle un faux fruit ?

– Voyez comment un jardinier greffe sur un églantier une variété choisie de rose. Apprenez à exécuter cette greffe.

– Voyez où naissent les surgeons sur les pieds d'églantier ou de rosier. Pourquoi supprime-t-on ces surgeons ?

– Recherchez sur une rose des pétales provenant d'étamines incomplètement transformées.

– En général, les rosiers donnent-ils des fruits ? Pourquoi.

– Notez, pour chaque sorte d'arbre fruitier que vous pouvez observer, les dates auxquelles apparaissent les premières feuilles et les premières fleurs.

Questionnaire

1. Décrivez la tige, les racines, les feuilles du fraisier. – 2. Qu'appelle-t-on les coulants du fraisier ? – 3. Décrivez la fleur du fraisier. – 4. Que se produit-il après la fécondation de cette fleur ? –5. Citez des plantes voisines du fraisier. – 6. Décrivez les organes de l'églantier. – 7. Comparez l'églantine à la fleur du fraisier. – 8. Que sont les fruits de l'églantier ? – 9. Comment l'églantine a-t-elle pu fournir toutes les variétés de roses ? – 10. Décrivez la fleur du cerisier. – 11. Comparez les fruits à noyau et les fruits à pépins.

27 La carotte

1. La racine.

> *Matériel*
>
> Plusieurs racines de carottes de variétés différentes ; pieds de carottes feuillés ; ombelles de carottes fleuries ; fruits et graines de carottes ; pieds de carottes sauvages, avec racines ; échantillons de persil, cerfeuil, fenouil, angélique, panais, céleri, grande et petite ciguë ; loupes.

La carotte est cultivée dans tous les jardins, pour sa racine. Celle-ci, d'abord grêle au moment de la germination, grossit durant toute la belle saison, parce qu'il s'y accumule des réserves nutritives préparées en abondance par les feuilles, au cours de la végétation. Elle varie de forme selon les variétés, mais le plus souvent elle est à peu près conique. De couleur rouge, elle a une peau fine et lisse que l'on enlève aisément par un simple raclage au couteau ; elle est sillonnée çà et là de rides transversales du fond desquelles se détachent des radicelles très grêles.

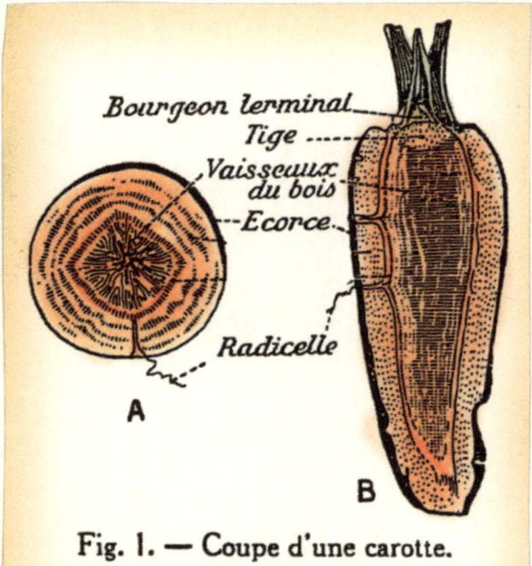

Fig. 1. — Coupe d'une carotte.
A : coupe en travers ; — B : coupe en long montrant la tige et le bourgeon terminal.

Sur une tranche de carotte coupée en travers (*fig.* 1, A) on distingue :

1° Une région centrale jaune orange, traversée par des rayons plus clairs.

2° Une région superficielle d'un beau rouge, très tendre, charnue, sucrée ; on y distingue des cercles concentriques et elle est traversée de place en place par des rayons jaune clair qui sont des paquets de vaisseaux se rendant aux radicelles.

3° une ligne verdâtre sépare ces

deux régions ; c'est par elle que la racine s'accroît en épaisseur. Cette racine volumineuse est une *racine tuberculeuse*.

Fig. 2.
Une feuille de carotte.

2. La tige et les feuilles.

La tige de la carotte est exceptionnellement courte. Sur une coupe de carotte faite en long suivant l'axe (*fig.* 1, B), elle forme une région verte située à la base des feuilles et porte un fin bourgeon terminal.

Sur les flancs de la courte tige s'attachent les feuilles (*fig.* 2) ; leurs gaines sont très larges et emboitées les unes dans les autres ; elles entourent ainsi une bonne partie de la tige : ces feuilles sont *engainantes*. Le pétiole, très long, creusé d'une large gouttière, porte un limbe extrêmement divisé. Les feuilles externes, c'est-à-dire les plus anciennes, sont petites, puis viennent de longues feuilles qui décroissent graduellement à mesure qu'on se rapproche du bourgeon terminal.

3. La fleur.

La disposition des fleurs de la carotte est caractéristique. Du sommet du pédoncule (*fig.* 3, A) partent des rameaux divergents qui portent eux-mêmes, à leur sommet, un groupe de rameaux secondaires dont chacun se termine par une fleur. Les fleurs se groupent ainsi en petites *ombelles* dont l'ensemble et une *ombelle composée*.

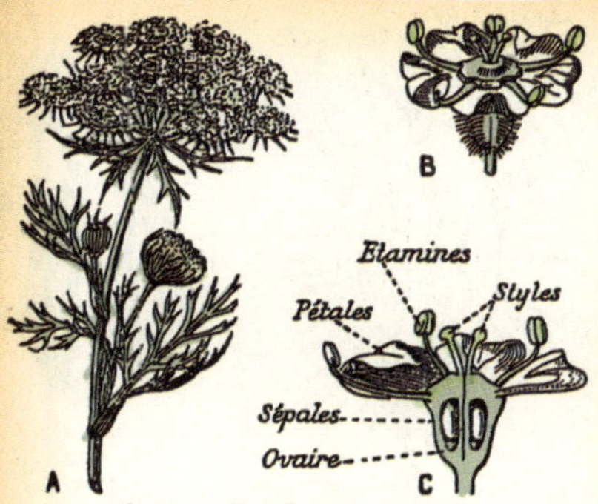

Fig. 3. — Les fleurs de la carotte.
A : disposition des fleurs en ombelle; — B : vue extérieure d'une fleur; — C : coupe en long montrant les ovules.

Les points d'où se détachent les rameaux portent une collerette de menues feuilles découpées.

La disposition des fleurs en ombelles a fait donner le nom d'*Ombellifères* à la carotte et aux plantes qui lui ressemblent. Les fleurs (fig. 3 , B et C) sont très petites, mais nombreuses. Les sépales sont représentes par 5 petites dents peu visibles à l'œil nu. La corolle a 5 *pétales* blancs, dont le sommet se recourbe vers le centre de la fleur. Dans les fleurs du centre de l'ombelle, les pétales sont égaux, mais dans les fleurs du pourtour, les pétales situés vers l'extérieur sont plus long que les autres. Il y a 5 étamines alternant avec les pétales. Le *pistil* comprend un ovaire à deux loges, soudé au calice de la fleur. Il est recouvert d'une sorte de disque d'où s'élèvent deux styles terminés chacun par un stigmate renflé.

Fig. 4.
Une ombelle de carotte après la fécondation.

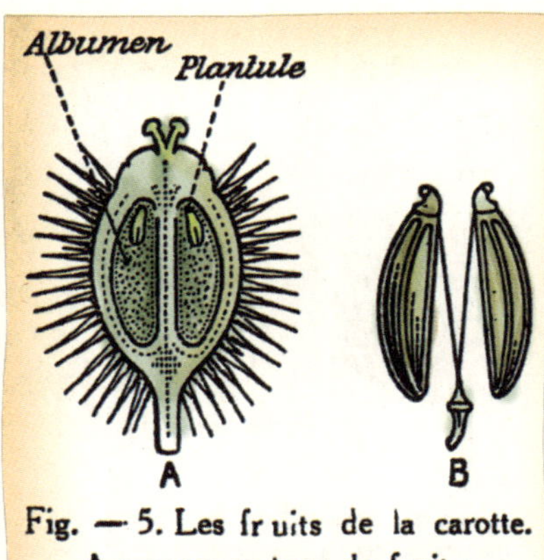

Fig. — 5. Les fruits de la carotte.
A : coupe en long du fruit ;
B : les fruits à maturité.

4. Le fruit.

Après la fécondation, l'ombelle contracte ses branches, et ressemble alors à un nid d'oiseau (*fig.* 4). L'ovaire donne deux fruits secs (*fig.* 5) qui se séparent bientôt et demeurent quelque temps suspendus à un mince filet. Leur face de contact est lisse, mais leur face libre, convexe, présente des côtes armées de dents aiguës qui leur permettent de s'accrocher à la

toison des animaux, ce qui facilite leur dissémination.
La graine, petite, a un albumen très dur.

5. La carotte sauvage.

Elle est répandue partout dans les lieux herbeux et les prés secs, le long des chemins. Elle se reconnaît aisément à ses tiges droites, ramifiées, raides quoiqu'elles soient creuses, et finement striées de petits sillons. Ses feuilles sont légèrement velues, très finement découpées et s'attachent isolement sur la tige par une large gaine.
Si la graine d'où provient le pied de carotte a germé de bonne heure, la plante fleurit et fructifie la même année. Si, pour une cause quelconque, la germination a été retardée, la plante ne fleurit pas, mais accumule des réserves dans la racine, qui reste pourtant dure, de saveur âcre, inutilisable. À l'automne, les parties aériennes disparaissent ; au printemps suivant, les réserves de la racine sont utilisées pour produire une tige, des feuilles et la plante fleurit.
La carotte sauvage est donc, selon les circonstances, une plante annuelle ou une plante bisannuelle.

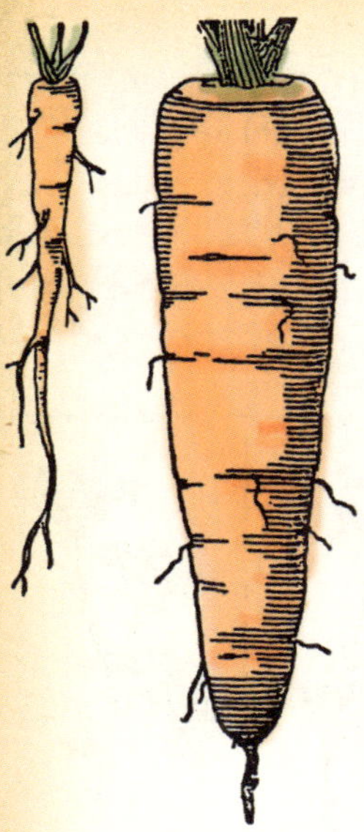

Fig. 6. — Racines de carotte sauvage (à gauche) et de carotte cultivée (à droite).

6. La carotte cultivée.

En faisant pendant plusieurs années des semis tardifs de graines de carotte sauvage, on a pu obtenir une carotte à grosse racine charnue (*fig. 6*). Cette plante est devenue nettement bisannuelle, et c'est au cours ou à la fin de la première année de végétation qu'on utilise sa racine ; ne sont conservés pour la seconde année que les plants destinés à la production de graines.
Certaines variétés de carottes ont une racine de couleur jaunâtre, très volumineuse, mais peu savoureuse. Ce sont les

carottes fourragères, destinées à l'alimentation du bétail. Les animaux en sont friands, et l'on a constaté que leur consommation augmente chez les vaches la production de lait et de crème.

D'autres, de couleur rouge, pouvant contenir jusqu'à 13 % de leur poids de sucre, constituent pour l'homme un aliment important.

On peut semer pendant plusieurs mois, depuis fin mars jusqu'en juillet ; les semis se font en lignes assez espacées et les graines doivent être très peu enterrées.

Dès que les jeunes plants sont bien levés, on procède à un premier binage ; on en exécute plusieurs autres par la suite, et il est utile d'arracher de jeunes plants afin que ceux qui restent, les plus vigoureux, disposent d'une étendue de terrain suffisante pour bien développer leurs racines.

7. Plantes voisines.

Le *panais* est cultivé pour ses grosses racines à saveur sucrée.

On cultive diverses variétés de *céleri*. Certaines ont des pétioles volumineux et tendres (*fig.* 7, A) quand on les a abrites de la lumière du jour : les maraichers les entourent de tuyaux de poterie. D'autres variétés ont une racine tuberculeuse alimentaire.

Beaucoup de plantes appartenant à la famille des ombellifères contiennent dans leur tige et leurs feuilles des essences variées qui

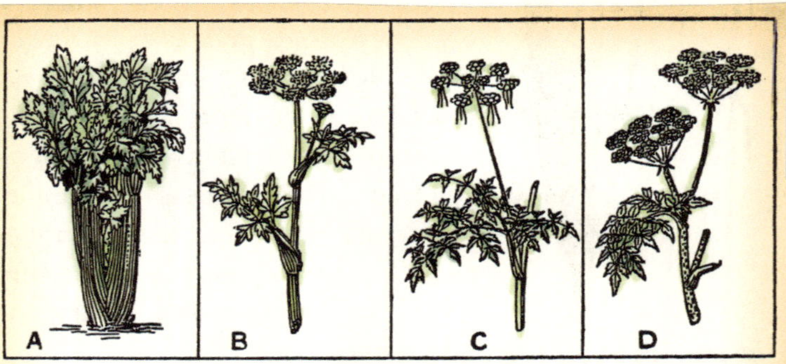

Fig. 7. — Quelques ombellifères.

A : céleri : (remarquer la largeur des pétioles); — B : angélique (remarquer les larges gaines à la base des feuilles); — C : petite ciguë (remarquer les filaments au-dessous de l'ombelle); — D : grande ciguë (remarquer les taches qui parsèment la tige).

leur donnent une saveur aromatique et les font employer comme condiments. Tels sont le *persil*, le *cerfeuil*, le *fenouil*. L'*angélique* (*fig.* 7, B) porte des pétioles charnus et parfumés que l'on confit dans du sucre. Par contre, d'autres plantes élaborent des poisons redoutables. La *grande cigüe* (*fig.*7. D), fréquente dans les haies et les décombres, au feuillage sombre, aux tiges robustes dépassant un mètre de haut et parsemées de taches violacées, contient un poison qu'on faisait boire, en Grèce, aux condamnés à mort ; son odeur désagréable, les taches violacées de sa tige ne permettent pas de la confondre avec le persil. La *petite cigüe* (*fig.* 7, C) croît assez fréquemment dans les jardins ; elle est aussi vénéneuse que la précédente ; on la reconnaît à son odeur fade, aux petites lignes rouges qui marquent la base de sa tige et aux filaments qui pendent sous les fleurs, dans chaque ombelle.

RÉSUMÉ

- ☞ *La carotte cultivée a une racine tuberculeuse gorgée de matières nutritives, de laquelle se détachent de menues radicelles.*
- ☞ *La tige très courte porte une collerette de feuilles engainantes au long pétiole, au limbe finement découpé.*
- ☞ *Les fleurs sont groupées en ombelles composées, d'où le nom d'Ombellifères donné à la famille de plantes à laquelle appartient la carotte.*
- ☞ *Chaque fleur comprend 5 sépales, 5 pétales blancs recourbés, 5 étamines, un pistil avec un ovaire à deux loges et deux stigmates.*
- ☞ *Chaque fleur produit un double fruit sec.*
- ☞ *On range parmi les Ombellifères : le panais et le céleri, comestibles, le persil, le cerfeuil, l'angélique, aromatiques, la ciguë, vénéneuse.*

EXERCICES D'OBSERVATION ET DE REFLEXION

– Parmi les plantes que vous connaissez, quelles sont celles dont les feuilles sont disposées en collerette comme celles de la carotte ?
– Dans les carottes récoltées en fin de saison, le centre est souvent très dur, non comestible ; pourquoi ?
– Notez les soins culturaux qu'un jardinier donne à un semis de carottes.
– Observez la racine d'une carotte au cours de la seconde année de sa végétation.
– Dessinez une feuille de carotte, une feuille de persil, une feuille de ciguë.
– Froissez entre vos doigts une feuille de carotte, puis sentez l'odeur dégagée. Procédez de même avec une feuille de persil, de cerfeuil ; comparez.
– Apprenez à reconnaître sûrement un pied de ciguë : taches de la tige, odeur des feuilles froissées.

Questionnaire

1. Dessinez une racine de carotte coupée en travers, coupée en long. – 2. Décrivez la tige et les feuilles de la carotte. – 3. Comment sont groupées les fleurs de la carotte ? – 4. Décrivez une fleur de carotte. – 5. – Décrivez le fruit. – 6. Comparez la carotte sauvage et la carotte cultivée. – 7. Citez des ombellifères comestibles ; – aromatiques ; – vénéneuses.

28 La vigne

> **Matériel**
>
> Sarments de vigne ; fleurs de vigne et jeunes grappes ; échantillons de pyrale et de cochylis ; feuilles de vigne atteintes de mildiou, d'oïdium

1. La culture de la vigne en France.

La culture de la vigne est, après celle du blé, la plus importante de notre pays.

La vigne est un arbuste vigoureux, qui prospère dans tous les terrains, à la condition qu'ils soient perméables et assez profonds : cependant, ceux qui lui conviennent le mieux sont les terrains calcaires au sol caillouteux, comme ceux des côteaux de Champagne et de Bourgogne.

La vigne est gourmande de soleil : elle exige, d'avril à octobre, une température moyenne de 19 à 20° C. Aussi n'est-elle cultivée qu'au sud d'une ligne passant par Nantes, Paris et Mézières et l'on ne trouve pas de vignobles dans les hautes régions du Massif Central, du Jura et des Alpes.

Fig. 1. — Un cep de vigne.

2. Un cep de vigne (*fig. I*).

La vigne a de longues racines pouvant atteindre de 10 à 20 mètres. Sa tige, tordue, relativement mince, est recouverte d'une écorce fibreuse, qui se détache en filaments ou en plaques. Très souple, elle prend facilement toutes les directions qu'on veut lui donner, ce qui permet d'avoir des

Fig. 2. — Un sarment.

vignes en cordons, en treilles, en berceaux, etc.

Elle porte des rameaux grêles, ou *sarments*, longs de 1 à 3 mètres, fortement épaissis aux nœuds. Au printemps, on les voit s'allonger parfois de plusieurs centimètres par jour, tellement la végétation de la vigne est vigoureuse.

Les sarments (*fig.* 2) portent de larges *feuilles* découpées en cinq dents pointues, et des *vrilles* qui permettent à la plante de s'accrocher à un support.

À l'aisselle de chaque feuille sont plusieurs *bourgeons* dont l'un se développe rapidement en un maigre rameau qui ne donne pas de fruits ; les autres sont protégés par une sorte de bourre : l'un d'eux se développe au printemps suivant et fournit un long sarment.

3. Les fleurs de la vigne.

La vigne fleurit en mai ; ses fleurs, disposées en grappes (*fig.* 2), sont toutes petites et peu colorées ; leur corolle, vert clair (*fig.* 3, A), ne s'ouvre pas ; elle forme une sorte de petit capuchon qui se détache tout entier (*fig.* 3, B), libérant les étamines entre lesquelles se trouve le pistil (*fig.* 3, C).

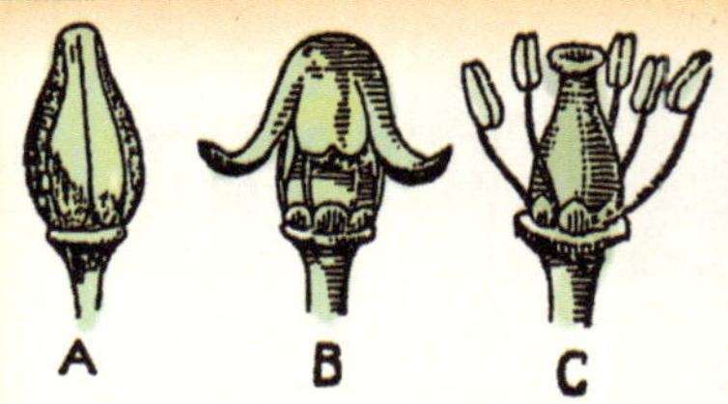

Fig. 3. — Les fleurs de la vigne :
A, Une fleur en bouton ; — B, Une fleur dont la corolle se détache ; — C, Une fleur épanouie.

4. Le raisin.

La vigne donne un fruit charnu, le raisin, contenant de 1 à 5 pépins dans sa chair

juteuse et sucrée. Le grain repose sur une sorte de petit plateau d'où se détache le *pinceau*, formé des vaisseaux nourriciers qui se répandent dans le fruit.
Dans le raisin noir, une matière colorante rouge foncé se développe dans l'épidermes du fruit, dont l'intérieur reste généralement verdâtre. On distingue les *raisins de cuve*, avec lesquels on fait le vin, et les *raisins de table.*

5. Plantation de la vigne.

On ne sème pas la vigne ; on plante des *boutures* faites d'un rameau très vigoureux, sur lequel on a *greffé* un rameau d'un plant de bonne qualité. Les plants sont placés par rangées, espacées d'environ 1 mètre, dans un terrain bien défoncé qui a reçu une forte fumure.

6. Soins culturaux.

Chaque année, vers la fin de l'hiver, le sol du vignoble doit être ameubli par un labour léger. Au cours de la belle saison, plusieurs binages et des sarclages sont nécessaires. La vigne exige une fumure abondante ; tous les quatre ans, on y répand 600 quintaux de fumier de ferme à l'hectare. L'emploi de superphosphate ou de scories dans les terrains calcaires donne d'excellents résultats.

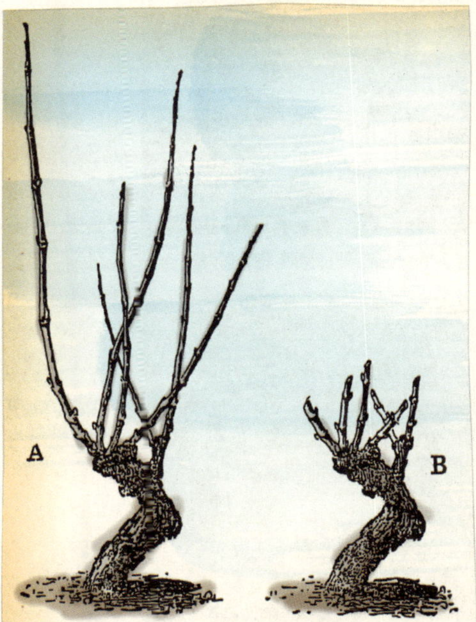

Fig. 4. — Comment on taille la vigne. A, Cep avant la taille; B, après la taille.

7. La taille de la vigne.

On taille la vigne généralement au début du printemps : on enlève tous les sarments qui épuiseraient le cep en poussant « à bois » sans produire de fruits. On ne laisse aux autres que quelques bourgeons, généralement de deux à cinq (*fig.* 4).

8. Les ennemis de la vigne.

Sans cesse le viticulteur doit lutter contre les ennemis qui menacent la vigne. Nous avons vu qu'un insecte, le *phylloxera*, importé d'Amérique en 1867, a détruit en quelques années le vignoble français ; celui-ci a été reconstitué avec des plants américains qui résistent mieux au parasite, et sur lesquels on a greffé des ceps français, qui donnent des raisins de meilleure qualité.

Fig. 5. — Sulfatage de la vigne.

Fig. 6. — Soufrage de la vigne.

Les *chenilles* de plusieurs papillons dévorent les feuilles et les jeunes grappes de la vigne : en quelques semaines elles détruisent toute une récolte. Comme ces papillons pondent leurs œufs sous l'écorce et dans les fentes du bois, on les détruit en arrosant d'eau bouillante ceps et échalas vers la fin de l'hiver.

Des moisissures, comme le *mildiou* et l'*oïdium*, se développent sur les feuilles et les grappes : le raisin reste petit, il se fend, noircit et pourrit. Ces maladies se propagent surtout les années pluvieuses. On lutte contre le mildiou en aspergeant plusieurs fois les feuilles et les grappes avec un liquide à base de sulfate de cuivre, ou vitriol (*fig.* 5). On empêche le développement de l'oïdium en projetant, avec un soufflet, de la fleur de soufre sur les vignes (*fig.* 6).

Ainsi la culture de la vigne, particulièrement délicate, exige des travaux incessants.

RÉSUMÉ

- ☞ La culture de la vigne est la plus importante en France, après celle du blé.
- ☞ La vigne exige un sol perméable, profond, et une température moyenne de 19 à 20 degrés.
- ☞ Elle a de longues racines, une tige mince et flexible qui porte de nombreux sarments.
- ☞ Ses fleurs sont petites et peu colorées ; son fruit est le raisin : on distingue les raisins de cuve et les raisins de table.
- ☞ Le sol du vignoble doit recevoir chaque année un labour et plusieurs binages.
- ☞ On taille la vigne en mars. On la sulfate et on la soufre plusieurs fois pour la préserver du mildiou et de l'oïdium.

EXERCICES D'OBSERVATION ET DE REFLEXION

– Comment dirige-t-on les branches d'une treille ?
– Voyez comment sont disposées les feuilles et les vrilles sur un sarment.
– Qu'appelle-t-on les « pleurs de la vigne » ?
– Comment expliquez-vous que certaines vignes atteignent la hauteur d'un arbre, alors que d'autres ne dépassent pas les échalas ?
– Observez comment on taille la vigne, dans votre région.
– À quoi reconnaît-on que le raisin est bien mûr ?
– Observez une grappe, puis dessinez-la après en avoir enlevé tous les raisins.
– Comment sont les feuilles d'une vigne atteinte de mildiou ? d'oïdium ?
– Quelle est la couleur des feuilles de vignes après le sulfatage ? Pourquoi.

Questionnaire

1. Quels sols conviennent à la vigne ? – 2. Dans quelles régions de France n'est-elle pas cultivée ? Pourquoi ? – 3. Décrivez une tige de vigne. – 4. Que sont les sarments ? Que portent-ils ? – 5. Quelle particularité présentent les fleurs de vigne ? – 6. Décrivez un raisin. – 7. Comment plante-t-on un vignoble ? – 8. Quels soins culturaux exige la vigne ? – 9. Quand et comment taille-t-on la vigne ? – 10. Comment combat-on les insectes qui s'attaquent à la vigne ? – 11. Citez des maladies de la vigne ; comment les combat-on ?

29 La pomme de terre

1. Le tubercule.

Originaire de l'Amérique du Sud, la pomme de terre n'a été importée en Europe qu'à la fin du XVIe siècle. D'abord fort peu estimée des cultivateurs, elle ne fut cultivée en grand qu'à la suite des efforts tenaces de Parmentier, à la fin du XVIIIe siècle. La partie comestible en est le *tubercule*. Celui-ci est une masse plus ou moins volumineuse, aux contours arrondis, de forme et de couleur variables. À l'un de ses bouts (*fig.* 1) une cicatrice marque l'endroit par lequel il était rattaché à la plante qui l'a produit. Sa surface porte des écailles très saillantes dans quelques variétés (*fig.* 2) et qui sont des rudiments de feuilles. L'écaille délimite d'un côté une dépression ou *œil* contenant un petit bourgeon. Ce bourgeon est donc à l'aisselle d'une feuille, *disposition qui ne se présente que dans les tiges : le tubercule pomme de terre est une tige souterraine.*

Matériel

Nombreux tubercules de pommes de terre, de variétés diverses ; une loupe ; un pied entier de pomme de terre, soigneusement déterré ; rameaux fleuris de pommes de terre ; fruit de pomme de terre ; feuilles atteintes de mildiou ; doryphore et sa larve ; rameaux de tomate, d'aubergine, de belladone ; feuilles de tabac.

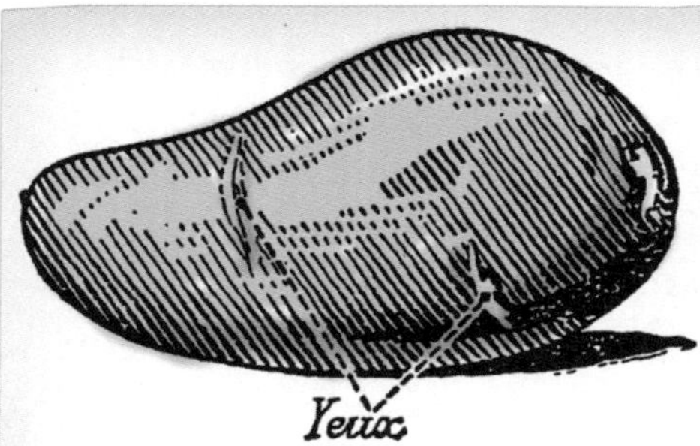

Fig. 1. — Pomme de terre « la Julie
Remarquer les yeux, et, à droite la cicatrice du point d'attache

Sur une tranche de pomme de terre coupée perpendiculairement à sa plus grande dimension (*fig.* 3, A), on observe une peau assez fine, qui se détache

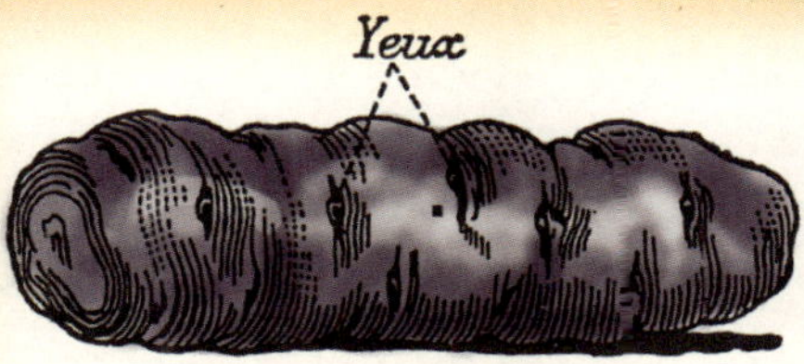

Fig. 2. — Pomme de terre « Vitelotte ».
Remarquer, aux yeux, les écailles saillantes

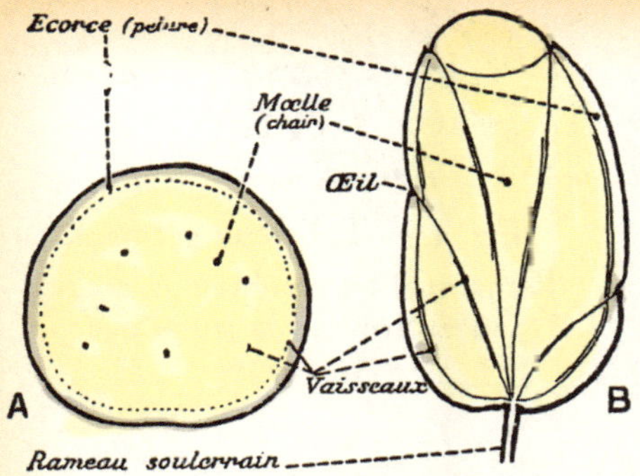

Fig. 3. — Coupe d'une pomme de terre.
A : coupe en travers ; — B : coupe en long (remarquer les vaisseaux nourriciers).

facilement dans les pommes de terre nouvelles.

À l'intérieur est une chair blanche, jaunâtre ou rosée, bourrée de grains de fécule, qui forment jusqu'à 18 % du poids du tubercule, et lui donnent sa valeur alimentaire.

Prés du pourtour, on remarque un cercle de points de couleur claire, bien visibles à la loupe ; ce sont des paquets de *vaisseaux nourriciers* qui ont porté dans le tubercule les matières nécessaires à sa formation. Ces vaisseaux sont aussi en relation avec les yeux, comme on peut l'observer sur une coupe de pomme de terre faite suivant sa longueur (*fig.* 3, B).

2. La culture de la pomme de terre.

On ne sème pas la pomme de terre ; on plante, dans un terrain soigneusement ameubli, des tubercules que l'on espace d'environ 50 centimètres en tous sens.

Bientôt on voit les jeunes plants sortir de terre ; on bine alors, pour ameublir le sol et le débarrasser des mauvaises herbes ; quelque temps après, on *butte* les pommes de terre, c'est-à-dire qu'on ramène la terre à leur pied pour les enterrer plus profondément et faire développer ainsi des *racines adventives*.

3. Le développement de la plante.

Chaque bourgeon du tubercule développe une jeune tige souterraine (*fig. 4*) à la base de laquelle apparaissent de nombreuses racines. Cette tige ne tarde pas à se ramifier en branches, et cette ramification est facilitée par le buttage. Certaines branches sortent de terre, atteignent 50 centimètres de haut, et portent des feuilles de couleur vert sombre, composées de folioles nombreuses et inégales (*fig. 5*, A).

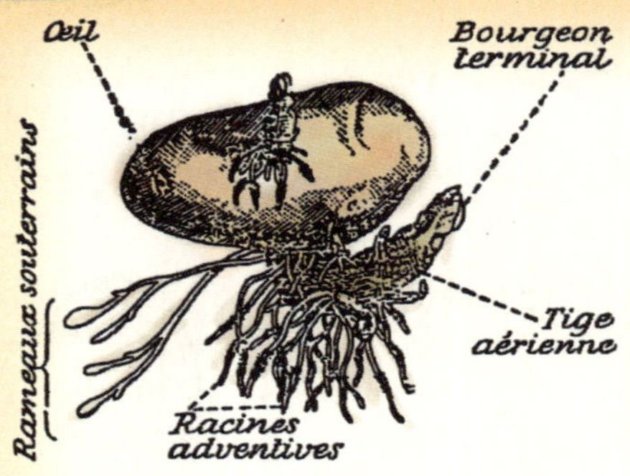

Fig. 4. — Tubercule germant.
Remarquer les nombreuses racines adventives sur la jeune tige.

D'autres branches restent sous terre, où elles s'allongent en cordons blanchâtres portant quelques feuilles réduites à des écailles. En certains points, généralement à leur extrémité, ces

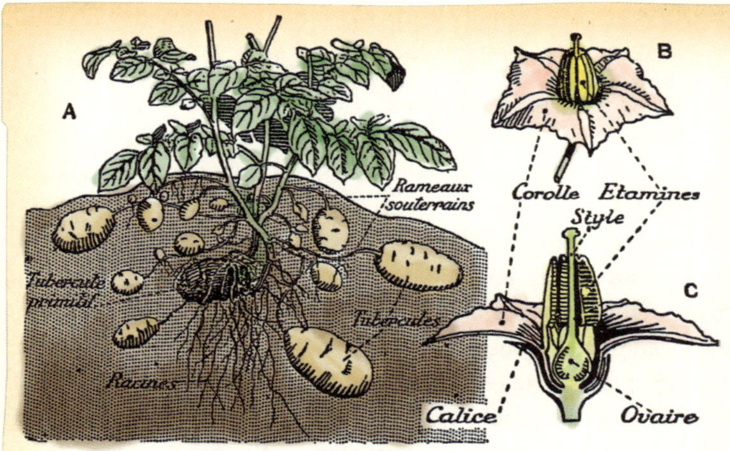

Fig. 5. — La pomme de terre et sa fleur.
A : plant de pomme de terre ayant développé ses tubercules; — B : aspect extérieur de la fleur; — C : coupe en long, montrant les nombreux ovules.

cordons se renflent et forment de nouveaux tubercules. Un tel développement indique nettement que ces derniers sont des tiges souterraines, et non des racines.

Pendant ce développement, le tubercule primitif se ramollit peu à peu, se ride, se vide des matières qu'il contient à mesure que s'allongent les nouvelles tiges, et finalement il est réduit à une peau chiffonnée qui persiste au pied de la nouvelle plante. C'est donc un organe de réserves, grâce auquel cette nouvelle plante a pu se former.

4. La fleur.

Après avoir développé ses tiges et ses feuilles, la pomme de terre fleurit. Les fleurs sont groupées au sommet des tiges. La fleur (*fig.* 5, B *et* C) a 5 sépales réunis à leur base ; 5 *pétales soudés* en un tube assez court, qui s'évase ensuite en une belle corolle blanche ou violacée, ayant la forme d'une étoile à 5 dents ; 5 *étamines* à filets courts : leurs longues anthères très rapprochées les unes des autres et dressées verticalement s'élèvent en une sorte de colonne jaune d'or. Les étamines sont insérées sur le tube de la corolle, de sorte qu'en détachant celle-ci, on enlève en même temps celles-là.

Le *pistil* comprend un ovaire creusé de deux loges contenant chacune de nombreux ovules ; un long style traverse le tube formé par les anthères, et se termine par un stigmate arrondi.

5. Le fruit.

Après la fécondation, l'ovaire donne un fruit (*fig.* 6) qui est une baie verte de la grosseur d'une cerise. Elle conserve à sa base le calice persistant, et renferme de nombreuses petites graines.

Le *fruit* n'est pas comestible ; il contient un poison, comme toutes les parties aériennes de la plante.

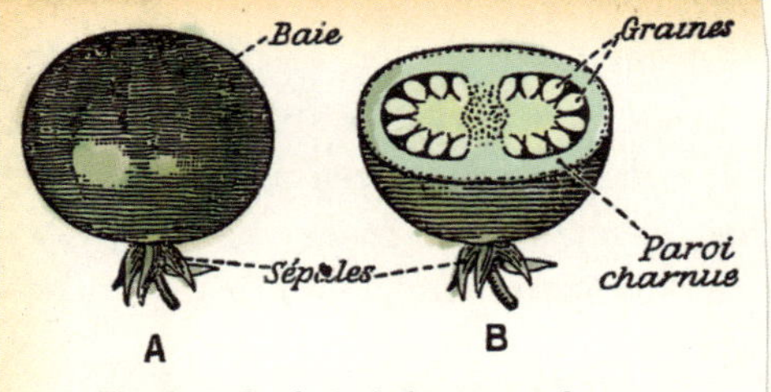

Fig. 6. — Le fruit de la pomme de terre.
A : aspect extérieur ; — B : coupe en travers, montrant les deux loges (remarquer le calice persistant).

En général, on ne sème pas les graines de pomme de terre ; certains horticulteurs cependant pratiquent ce semis, pour obtenir de nouvelles variétés : la plante issue d'une graine n'appartient ordinairement pas, en effet, à la même variété que la plante mère.

6. Les ennemis de la pomme de terre.

La pomme de terre est sujette à diverses maladies, dont la plus fréquente est le *mildiou*, provoqué par un champignon microscopique qui forme des taches brunes sur les feuilles, et une sorte de duvet à la face inferieure. Les feuilles se dessèchent rapidement et meurent. On combat le mildiou par la pulvérisation, en juin ou juillet, de bouillie bordelaise, faite avec du sulfate de cuivre et de la chaux.

Fig. 7.
Le doryphore et sa larve (grandeur naturelle).

Un insecte originaire d'Amérique, le *doryphore* (*fig.* 7), a envahi en quelques années toutes les régions de France. Un peu plus grand que la coccinelle, il porte des barres noires sur les ailes. Ses larves dévorent les feuilles de la pomme de terre.

7. Plantes voisines.

Les plantes dont la fleur présente la même disposition que celle de la pomme de terre sont groupées dans la famille des *solanées*.

La *tomate* (*fig.* 8) a de grosses baies rouges, acidulées, comestibles ; elles sont creusées de loges plus ou moins nombreuses, remplies de graines.

Fig. 8.
Un plant de tomate, chargé de fruits.

L'*aubergine* (*fig.* 9) a des baies luisantes, violettes, charnues, atteignant 25 centimètres de

Fig. 9. — Fruits d'aubergine.

long. On les consomme fraîches ou desséchées.

Plusieurs solanées produisent des poisons violents.

Telle est la *belladone*, assez commune dans les bois ; c'est une belle plante de 1 mètre de haut, aux larges feuilles vert sombre, aux belles corolles rouge cuivre. Son calice persistant entoure une baie noire, grosse comme une cerise, qui est très vénéneuse.

De même, le *tabac*, aux larges feuilles mesurant jusqu'à 70 centimètres de long, et donc les fleurs sont roses et blanches, renferme de la *nicotine* qui rend dangereux l'abus du tabac.

RÉSUMÉ

☞ *Le tubercule de la pomme de terre est une portion de tige souterraine renflée et gorgée de fécule.*

☞ *Sa surface présente des yeux contenant un bourgeon placé à l'aisselle d'une feuille rudimentaire.*

☞ *Au printemps, on plante des tubercules dans un terrain bien ameubli ; les bourgeons se développent en tiges, les unes aériennes, les autres souterraines.*

☞ *Les rameaux souterrains forment de nouveaux tubercules.*

☞ *Les rameaux aériens portent des fleurs dont la corolle a 5 pétales soudés.*

☞ *Le fruit est une baie contenant de nombreuses graines.*

☞ *La famille des Solanées comprend des plantes alimentaires : tomate, aubergine, et des plantes vénéneuses : belladone, tabac.*

EXERCICES D'OBSERVATION ET DE REFLEXION

– Apprenez à distinguer, d'après l'aspect du tubercule et la couleur de la chair, les principales variétés de pommes de terre cultivées dans votre région.
– Séparez la fécule de pomme de terre en râpant un tubercule sur un tamis et sous un filet d'eau.
–Au printemps, on « dégerme», en brisant les rejets qu'ils ont produits, les tubercules destinés à la consommation : pourquoi ?
–Doit-on dégermer de même les tubercules que l'on veut planter ?
– Placez en terre un morceau d'épluchure de pomme de terre portant un œil, un autre ne portant pas d'œil ; que se produit-il ? Quelle précaution doit-on prendre quand on coupe de gros tubercules avant de les planter ?
–Que se produit-il quand un tubercule, incomplètement enterre, est exposé à la lumière ? Un tel tubercule, incomplètement enterré, est exposé à la lumière ? Un tel tubercule est-il comestible ?
– Pourquoi conserve-t-on les pommes de terre dans une cave, et non dans un grenier ?

Questionnaire

1. Par quoi est formé le tubercule de pomme de terre ? – 2. Que voit-on à sa surface – 3. Dessinez la coupe d'un tubercule en travers ; en long. – 4. Comment cultive-t-on la pomme de terre ? – 5. Décrivez la croissance d'un pied de pomme de terre. – 6. Décrivez la fleur ; le fruit. – 7. Par quoi sont menacées les cultures de pommes de terre ? – 8. A quelle famille de plantes appartient la pomme de terre ? – 9. Citez d'autres plantes de cette famille.

30 Le pissenlit, le bleuet, la marguerite

Matériel

Des pieds entiers de pissenlit ; plusieurs inflorescences de pissenlit, à divers état de développement ; fruit composé du pissenlit ; pied de chicorée sauvage ; échantillons de scarole, chicorée frisée, endive ; pieds entiers et inflorescences de bleuet ; pieds de chardon fleuris ; artichaut pieds complets de marguerite ; inflorescences de pâquerette, de dahlia, de chrysanthème, de camomille.

LE PISSENLIT

1. La plante.

Le *pissenlit* est une herbe vivace, bien connue, qui pousse dans les prés, les terrains vagues, sur le bord des chemins ; elle fleurit pendant la plus grande partie de l'année.

Le pissenlit (*fig.* I, A) est solidement fixé au sol par une *racine pivotante* volumineuse portant des radicelles grêles. La tige est très courte ; elle porte des feuilles étalées en une rosette appliquée sur le sol. Ces feuilles sont profondément découpées en lobes simulant des dents recourbées : d'où le nom de *dent-de-lion* qu'on donne parfois au pissenlit.

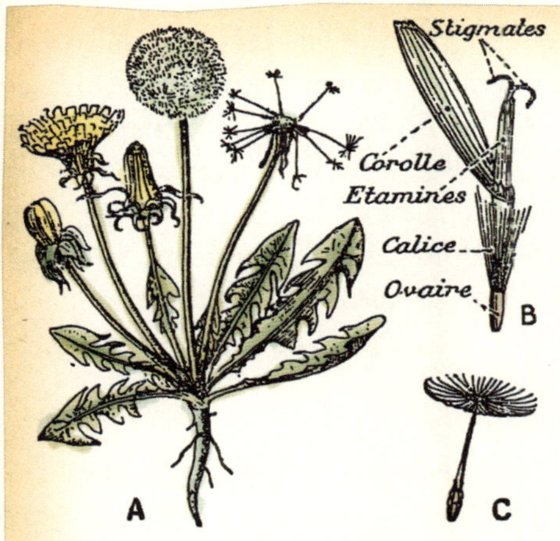

Fig. 1. — Le pissenlit.
A : plante entière avec bouton, fleurs et fruits ; — B : une fleur isolée ; — C : un fruit isolé.

En coupant par le travers une racine ou une feuille de pissenlit, on en voit couler une sorte de lait, le l*atex* ; c'est lui qui donne aux feuilles de cette plante leur saveur particulière.

2. Le capitule.

Du centre de la rosette de feuilles, s'élève une hampe florale qui porte à son extrémité, non une fleur, mais une sorte de plateau, sur lequel s'insèrent de nombreuses petites fleurs jaunes : on donne à cet ensemble le nom de *capitule*.

La base du capitule est entourée de deux rangées de petites lames vertes ou bractées ; les bractées de la rangée externe se recourbent vers le bas, celles de la rangée interne sont relevées vers le haut.

3. La fleur.

Les petites fleurs du capitule (*fig.* I, B) sont toutes semblables. Chacune d'elles comprend un calice représenté par des poils, une *corolle* qui, d'abord en forme de tube, s'étale ensuite en une languette jaune terminée par 5 dents. 5 étamines aux anthères soudées forment un tube à travers lequel passe le style que termine un stigmate fourchu. L'*ovaire* est placé au fond de la fleur.

4. Le fruit.

Les fleurs s'épanouissent graduellement en allant du pourtour au centre. Après la fécondation, qui s'opère par l'intermédiaire des insectes, les bractées rapprochées protègent les fruits qui murissent. Puis elles s'écartent en dégageant une boule soyeuse formée de nombreux petits fruits secs. Chacun d'eux (*fig.* I, C) est prolongé par une longue pointe sur laquelle est fixée une aigrette de poils. Au moindre souffle de vent, ces fruits se détachent, flottent dans l'air comme de minuscules parachutes et se dispersent en tous sens.

Le pissenlit donne des salades très appréciées. On le récolte souvent à l'état sauvage, mais il est aussi l'objet de cultures spéciales.

5. La chicorée.

La chicorée sauvage (*fig.* 2, A) est commune aux bords des chemins. Sa tige dressée porte des feuilles découpées assez semblables a celles du pissenlit.

Les capitule sont groupés par deux ou trois à l'aisselle des feuilles. Leurs fleurs (*fig.* 2, B) bleues, de même disposition que celles du pissenlit,

Fig. 2. — La chicorée sauvage.
A : plante entière; — B : une fleur isolée; — C : un fruit.

ne restent ouvertes qu'un seul jour. Le fruit (*fig.* 2, C) est formé d'une petite graine portant une sorte de couronne qui provient du calice.

Améliorée par la culture, la chicorée nous fournit des salades estimées. On cultive en plein air la chicorée *frisée* à feuilles finement découpées, la scarole a feuilles entières ; on fait blanchir leurs feuilles en les liant avec un brin de paille ou de raphia. La barbe de *capucin* et l'endive proviennent d'un forçage à l'obscurité.

6. Plantes voisines.

La *laitue* est une plante annuelle, à fleurs jaunes ou bleues, remarquable par l'abondance de son latex. La laitue est cultivée pour ses grandes feuilles, disposées en pomme volumineuse, que l'on mange en salade. La pomme de la *laitue pommée* est aplatie ; elle est en forme de cœur chez la romaine.

Le *salsifis*, aux beaux capitules violets, est cultivé pour ses racines tuberculeuses, de couleur blanche, à goût délicat. La scorsonère a des racines noires.

LE BLEUET

7. La plante.

Le *bleuet* est une mauvaise herbe commune dans les champs de céréales ; sa tige rigide, ramifiée, s'élève jusqu'à 70 centimètres de hauteur ; elle porte à sa base une rosette de feuilles longues, étroites,

Fig. 3. — Sommité fleurie de bleuet.

Fig. 4. — Sommité fleurie de chardon.

sans pétiole, et des feuilles isolées sur toute sa hauteur.

Les fleurs (*fig.* 3) petites, sont groupées en un capitule qu'entourent une quarantaine de bractées légèrement velues. Dans chaque capitule, les *fleurs du pourtour* ont une corolle évasée présentant 7 ou 8 dents inégales, les plus longues à l'extérieur. Ces fleurs n'ont ni étamines ni pistil : elles sont stériles.

Les *fleurs du centre* sont plus petites, de couleur violacée. Une couronne de poils y représente le calice ; la corolle forme un tube s'évasant en une coupe à 5 longues dents égales. Les 5 étamines, fixées sur la corolle, rapprochent leurs anthères qui se soudent pour former un tube au-dessus duquel émerge le style au stigmate fourchu.

A maturité, les fruits, très petits, sont surmontés d'une aigrette constituée par les poils persistants du calice.

8. Plantes voisines.

Les chardons (*fig.* 4), dont les tiges et les feuilles sont armées d'aiguillons acérés, produisent de nombreuses graines qui sont disséminées au loin par le vent, grâce aux longues aigrettes qui les surmontent.

L'*artichaut* est une sorte de chardon dans lequel les bractées entourant le capitule se gorgent à leur base d'une matière nutritive, ainsi que le réceptacle de la fleur lui-même.

Le *cardon* est une espèce d'artichaut que l'on cultive pour ses grandes feuilles dont on mange les côtes ou nervures.

La *bardane* a de larges feuilles velues, des capitules garnis de bractées crochues.

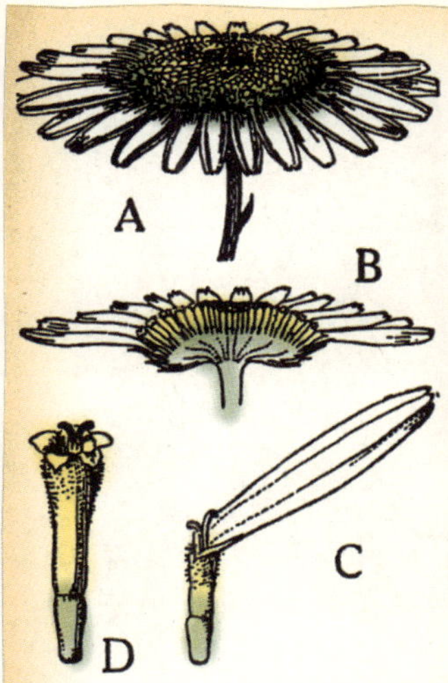

Fig. 5. — La marguerite.
A : le capitule ; — B : coupe du capitule ; — C : fleur en languette du pourtour ; — D : fleur en tube du centre.

LA MARGUERITE

9. La plante.

La *marguerite* possède un *rhizome* ramifié très étendu d'où s'élèvent de nombreuses tiges. Chacune porte à sa base une rosette de feuilles dont le long pétiole se prolonge par un limbe denté. Les feuilles situées plus haut sur la tige sont dépourvues de pétiole.

Le capitule (*fig.* 5, A *et* B) porte des fleurs de deux sortes. Celles du pourtour (*fig.* 5, C) sans étamines, sont blanches, et leur corolle s'étale en une languette à 3 dents. Celles du centre (*fig.* 5, D) sont complètes ; leur corolle jaune d'or, en forme de tube d'abord, s'évase ensuite en une coupe à 5 dents. Le fruit, petit, est dépourvu de poils.

10. Plantes voisines.

La *pâquerette* ressemble a une petite marguerite.

Le *topinambour* a des tiges qui peuvent atteindre 2 mètres ; elles portent de larges feuilles et de grands capitules jaunes très décoratifs. Le topinambour produit des tubercules qui, employés jadis dans l'alimentation de l'homme, ne servent plus guère aujourd'hui qu'à la nourriture des animaux de la ferme.

Le *chrysanthème*, reine des fleurs d'automne et d'hiver, a pris par la culture des formes étonnantes : on ne laisse se développer sur chaque pied qu'un ou deux fleurs qui deviennent énormes (*fig. 6*). Le dahlia, aux racines tuberculeuses, fournit aussi de nombreuses et riches variétés.

Les *immortelles* ont des bractées coriaces et colorées qui se conservent bien.

La médecine emploie aussi diverses plantes voisines : la *camomille* qui donne une infusion digestive, l'*armoise* dont une variété, l'*estragon*, est utilisée en cuisine, et dont une autre, l'*absinthe*, a servi pendant longtemps à fabriquer une liqueur dangereuse, l'arnica des hautes montagnes qui sert à soigner les plaies, le pyrèthre dont on retire un puissant insecticide.

Fig. 6. — Une fleur de chrysanthème.

11. Les composées.

Toutes ces plantes, dont les fleurs petites, mais nombreuses, sont groupées en capitules, constituent l'importante famille des *Composées*.

RÉSUMÉ

☞ *Le pissenlit a une forte racine pivotante, une tige très courte d'où se détache une collerette de feuilles profondément découpées.*

☞ *Ses fleurs, très petites sont groupées en un capitule entoure d'une couronne de bractées.*

☞ *Chaque fleur comprend un calice réduit à des poils, une corolle aux pétales soudés, des étamines dont les anthères forment un tube que traverse le style.*

☞ *Les fruits secs portent des poils qui facilitent leur dissémination par le vent.*

☞ *Dans le bleuet, les fleurs du pourtour du capitule n'ont ni étamines ni pistil ; chez la marguerite, ces mêmes fleurs n'ont pas d'étamines.*

☞ *Toutes ces plantes forment la famille des Composées, qui renferme la chicorée, la laitue, le salsifis, les chardons et artichauts, le topinambour, la camomille, l'arnica, et des plantes ornementales comme le chrysanthème et le dahlia.*

EXERCICES D'OBSERVATION ET DE REFLEXION

– Comparez la disposition des feuilles dans un pied de pissenlit et un pied de chicorée sauvage.
– Dessinez un capitule de pissenlit avant l'épanouissement, pendant l'épanouissement, après la fécondation, à la maturité des fruits.
– Pourquoi est-il très important, pour éviter la multiplication des chardons, de les détruire dans un champ avant leur floraison ?
– Par quoi est constitué le « foin » de l'artichaut ?
– Comparez la fleur d'une marguerite simple à celle d'une marguerite double.
– Décortiquez une fleur de dahlia et voyez si toutes les fleurs simples qui la composent sont semblables.
– Comment reproduit-on le dahlia ?

Questionnaire

1. Décrivez l'appareil végétatif du pissenlit. – 2. Qu'appelle-t-on le latex ? – 3. Comment sont disposées les fleurs du pissenlit. – 4. Décrivez une de ces fleurs. – 5. Décrivez le fruit. – 6. Comparez la chicorée au pissenlit. – 7. Citez des plantes voisines. – 8. Décrivez les fleurs composant le capitule du bleuet. – 9. Citez des plantes voisines du bleuet. – 10. Décrivez le capitule de la marguerite. – 11. Quelles plantes voisines de la marguerite connaissez-vous ? – 12. Quels sont les caractères de la famille des composées ?

Sommaire